主　编　朱小雪
副主编　廖贵慧　黄卫华
编写人员　朱小雪　廖贵慧　黄卫华　许　婧　胡秦琼
郑文伟　赵叶莹　高慧敏　陈　翔　胡程怡

浙江科学技术出版社

图书在版编目(CIP)数据

魔力科学 GO GO GO/ 朱小雪主编．—杭州：浙江科学技术出版社，2017.1
ISBN 978-7-5341-7386-8

Ⅰ.①魔… Ⅱ.①朱… Ⅲ.①科学知识－小学－课外读物 Ⅳ.① G624.63

中国版本图书馆 CIP 数据核字（2016）第 314142 号

魔力科学 GO GO GO

主　　编　朱小雪
出版发行　**浙江科学技术出版社**
杭州市体育场路 347 号
邮政编码：310006
办公室电话：0571-85176593
销售部电话：0571-85062597　85058048
网　址：zjkxjscbs.tmall.com
E-mail：zkpress@zkpress.com
排　　版　浙江新华广告有限公司

印　　刷　浙江新华数码印务有限公司
开　　本　889×1194　1/16
印　　张　7.5
字　　数　150 000
版　　次　2017 年 1 月第 1 版
印　　次　2017 年 1 月第 1 次印刷
书　　号　ISBN 978-7-5341-7386-8
定　　价　29.80 元

责任编辑　卢晓梅　　**责任校对**　顾旻波
责任美编　金　晖　　**责任印务**　田　文

亲近科学，拥抱科学

踩不破的气球，自动上升的水，探索含羞草，变色紫甘蓝，环保小空调……这些有趣的内容都是温州市实验小学魔力科学课程的一部分。

“魔力科学”是温州市实验小学教师自己创编的课程，课程内容浅显易懂，生动有趣，科学性强。实验内容均源于家庭实验室项目，源于同学们自己的科学研究，经过几年的实践探索，这些都变成了同学们乐于学习的内容，“魔力科学”也成为同学们特别喜爱的科学拓展性课程。

“只要能找到一个属于自己的角落，在角落里摆上喜欢研究的东西，然后做自己喜欢的研究，那么这就是一个最简单的家庭实验室。”家庭实验室是我们的传统，也是我们的乐园。在这里，我们就是小小的科学家，我们学到了科学研究的方法，体验到了成功的快乐，体验到了科学的乐趣。

实施魔力科学这样的课程，让学生感到科学不再神秘，不再困难，而是充满了乐趣。科学不只局限于在课堂中学习，课外更有广阔的天地。我们在课外进行探索，激发起学生对自然的好奇心，激发起学生学科学的求知欲，让学生体验探究过程的乐趣，获得研究科学的能力，培养科学探究的思维方式，培养科学的态度、情感与价值观。

奇妙的魔力科学课程，我相信能满足学生的好奇心，带领学生走近科学。让我们用自己的眼睛来发现问题，用自己的双手来收集证据，用自己的大脑去探索一个又一个未知的神奇世界！将课堂上所学到的知识运用到生活中去，用课堂上所学到的科学方法去解决生活中的科学问题，来呈现我们的精彩。

同学们，让我们亲近科学，拥抱科学，让我们一起来做自己的科学研究！

喻伯军

2016 年 11 月于杭州

（本序作者系全国著名特级教师，浙江省教研室小学科学教研员）

目录

学习伙伴的话

大家好！我是你们的学习伙伴——温州市实验小学的“发光体”小暖。

大家好！我是你们的学习伙伴——温州市实验小学的“发光体”小亮。

大家好！我是你们的学习伙伴——“超级科学实验达人”NONO。我将和小暖、小亮陪大家一起做科学实验。在大家开启科学实验大门之前，我们先来学习几招做好科学研究的秘笈吧。

秘笈一：学会提问

平时要注意观察，勤于思考，多问问“为什么”“会怎样”，并把自己的问题及时记录在问题库中，这样可以帮助我们提出更多的科学问题。

秘笈二：做出猜想与假设

提出一个科学问题后，可以根据平时的经验对实验做出大胆的猜想与假设，这样有助于我们更有目的地去做实验。

秘笈三：制订计划与设计实验

根据提出的问题，先思考好实验步骤与所需的器材，设计好所要观察与记录的表格，帮助我们更有序地进行实验。

秘笈四：进行实验与收集数据

在实验中要真实、及时地记录实验现象与实验数据，如有条件可以多次进行实验，这样实验的结果就更有说服力。

秘笈五：分析现象与得出结论

实验操作结束后，要对实验中发现的现象与记录的数据进行分析，形成自己的解释与结论。

秘笈六：进行反思与评估

在整个实验结束之后，可以评价一下自己做得好与不好的地方，为以后更好地进行实验做准备。

另外，还要特别注意安全，保护好自己！

有些太难做的实验或者太难找到的实验器材，可以找家长或老师帮忙哟！

气球遇上柠檬

当鼓鼓的气球遇到柠檬时，会发生什么有趣的事情呢？让我们一起去探究一下吧！

一、所需材料

柠檬、醋、气球、护目镜。

二、研究过程

（一）柠檬与气球

1. 研究的问题：
柠檬汁滴在气球上会发生什么呢？

2. 研究步骤：

1 把一个气球吹到最大。

2 把柠檬对半切开。

3 

在气球上滴几滴柠檬汁。

4 观察发生的现象。

（二）醋与气球

1. 研究的问题：
醋倒在气球上会发生什么呢？

2. 研究步骤：

1 把一个气球吹到最大。

2 

倒一些醋在气球上。

3 观察发生的现象。

3. 研究记录表：

	发生的现象
柠檬汁滴在气球上	
醋倒在气球上	

我的发现

醋和柠檬对气球的作用居然不一样，到底是怎么回事呢？

三、问题库

推荐一：充气量不一样的气球，遇到柠檬汁都会有一样的反应吗？

推荐二：其他水果汁（如橙汁、瓯柑汁）滴到气球上会发生什么呢？

你的新问题：

秘制弹力蛋

每个人都吃过鸡蛋，那你见过像弹力球一样又软又弹的鸡蛋吗？我们用厨房里常见的材料就能做出可爱的弹力蛋。

一、所需材料

白醋、烧杯、生鸡蛋、保鲜膜。

二、研究过程

（一）制作弹力蛋

1

将生鸡蛋完全浸泡在白醋里。

2

用保鲜膜遮盖，防止醋挥发。

3 大概一天后，取出生鸡蛋，用水小心清洗，用手轻轻试试鸡蛋的弹力。

（二）研究弹力蛋

1. 研究的问题：米醋和陈醋也能做出弹力蛋吗？

2. 研究步骤：

1 准备两个烧杯，分别倒入陈醋和米醋，将鸡蛋浸泡在其中。

2 每隔 6 小时观察一次，记录鸡蛋的变化。

3 24 小时后，将两个鸡蛋取出，比较弹性。

3. 研究记录表：

浸泡时间	米醋中的鸡蛋	陈醋中的鸡蛋
0 小时		
6 小时		
12 小时		
24 小时		

我的发现

三、问题库

推荐一：除了醋，还有其他液体能使鸡蛋变得有弹性吗？

推荐二：熟鸡蛋也能做成弹力蛋吗？

推荐三：除了鸡蛋，还有什么东西经过醋的浸泡会变得有弹性呢？

你的新问题：

牛奶色素的奇妙之旅

美味的糖为什么有这么多颜色呢？因为糖里面有各种各样的食用色素。如果食用色素碰到牛奶，又会有怎样的奇妙之旅呢？让我们一起来研究吧！

一、所需材料

牛奶、食用色素、圆形塑料盘、棉棒、洗洁精。

二、研究过程

1. 研究的问题：食用色素加到牛奶里会有变化吗？

2. 研究步骤：

1

将牛奶倒入塑料圆盘1厘米深左右，使牛奶覆盖盘子底部。

2

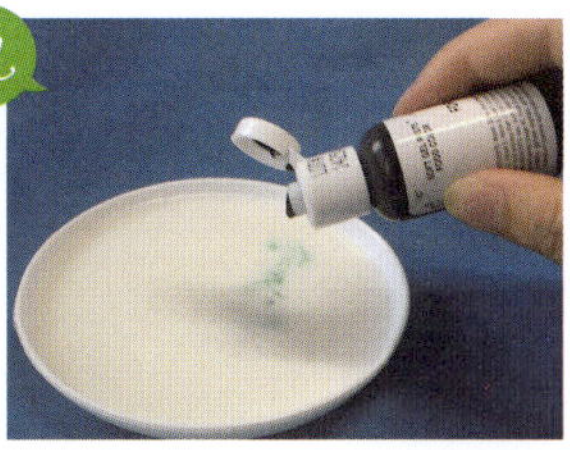

往牛奶里加入不同颜色的食用色素各一滴。

3

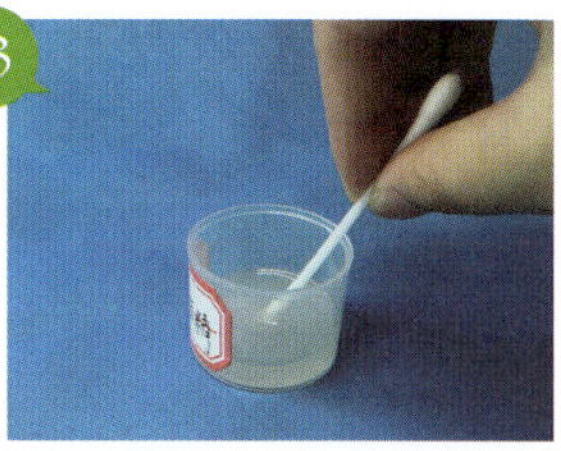

用棉棒蘸取少量的洗洁精。

4

将蘸有洗洁精的棉棒放入色素中。

5

观察牛奶和食用色素的变化，并做记录。

3. 研究记录表：

观察到的现象	牛奶	色素
实验前		
实验后		

我的发现

三、问题库

推荐一：把食用色素加入豆浆中会怎么样？

推荐二：把食用色素加入可乐中会怎么样？

推荐三：把食用色素加入雪碧中会怎么样？

你的新问题：

调制“鸡尾酒”

你见过鸡尾酒吗？它是一种五彩缤纷的酒精饮料，每一层都有不一样的颜色，可好看了。虽然小朋友不能喝酒，但是我们可以自己制作一杯科学“鸡尾酒”，一饱眼福！

一、所需材料

洗洁精、水、食用油、量筒、透明杯子。

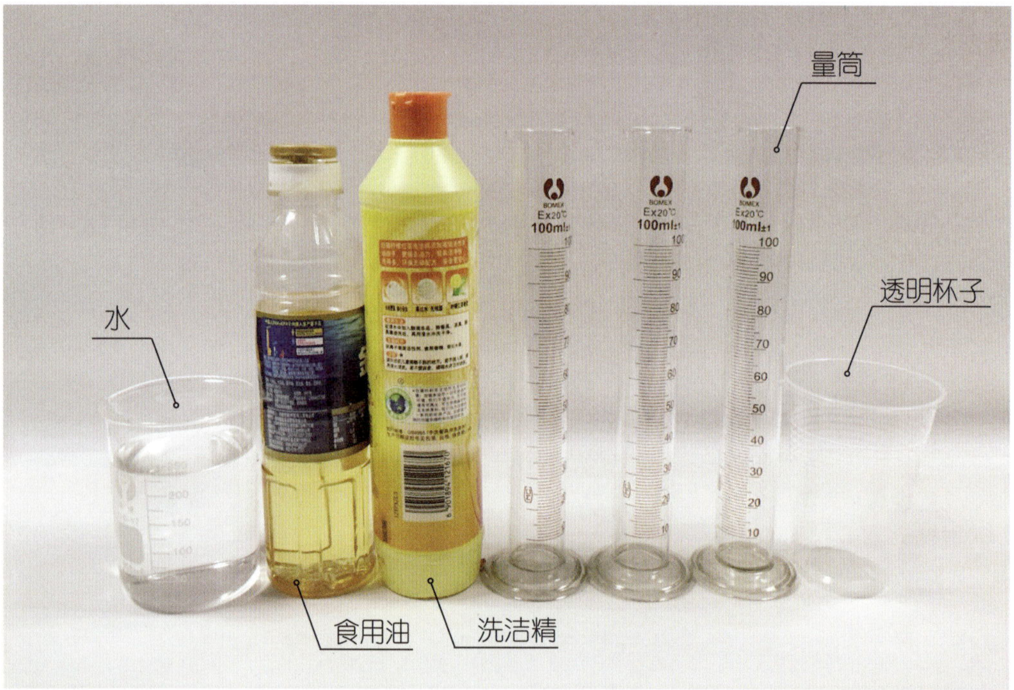

二、研究过程

1. 研究的问题：洗洁精、水、食用油要按照什么样的顺序倒入杯中，才能做出“鸡尾酒”？

2. 研究步骤:

1 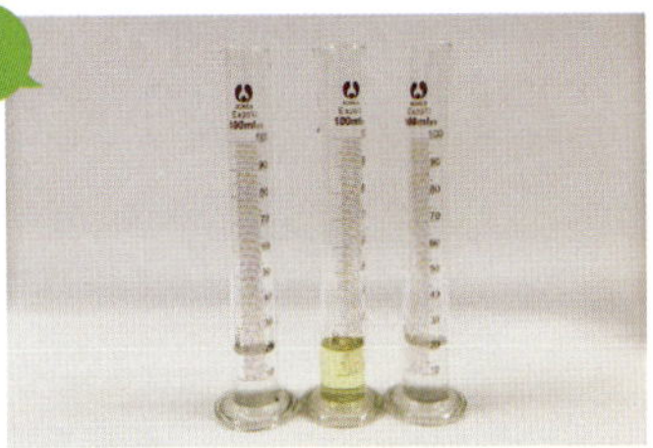

在三个量筒中分别量取约20毫升的水、食用油和洗洁精。

2 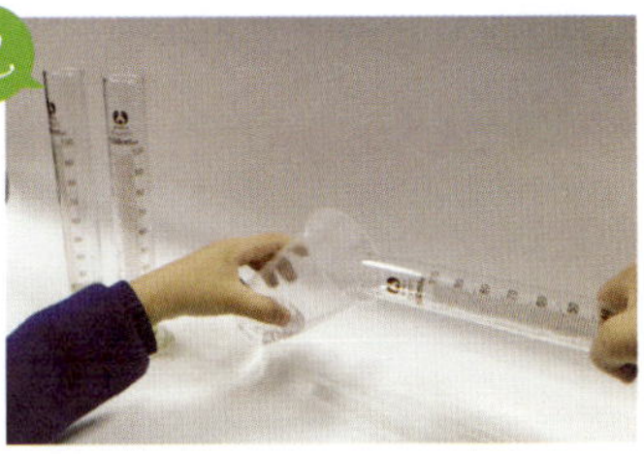

按照研究记录表中第一组所示，沿着杯壁在透明杯子中先倒入液体1——洗洁精，再倒入液体2——水，最后倒入液体3——食用油。

3 仔细观察它们能不能分层，把看到的现象记录下来。

4 用同样的方法分别完成其他组实验，仔细观察并记录。

3. 研究记录表:

加入液体	第一组	第二组	第三组	第四组	第五组	第六组
液体1	洗洁精	洗洁精	水	水	食用油	食用油
液体2	水	食用油	洗洁精	食用油	洗洁精	水
液体3	食用油	水	食用油	洗洁精	水	洗洁精
能否分层						
其他现象						

我的发现

三、问题库

推荐一：如果再加入酒精，要按什么顺序加入?

推荐二：利用糖水、盐水、食用色素能调制出多层“鸡尾酒”吗?

你的新问题:

天然染色剂

如果想给一块布染上颜色，你有什么办法吗？能不能用各种水果的汁给布染色呢？染色效果与普通的红墨水相比又如何呢？我们去试试吧！

一、所需材料

杨梅、芒果、蓝莓、纱布、红墨水、滴管、烧杯（图略）、标签纸（图略）。

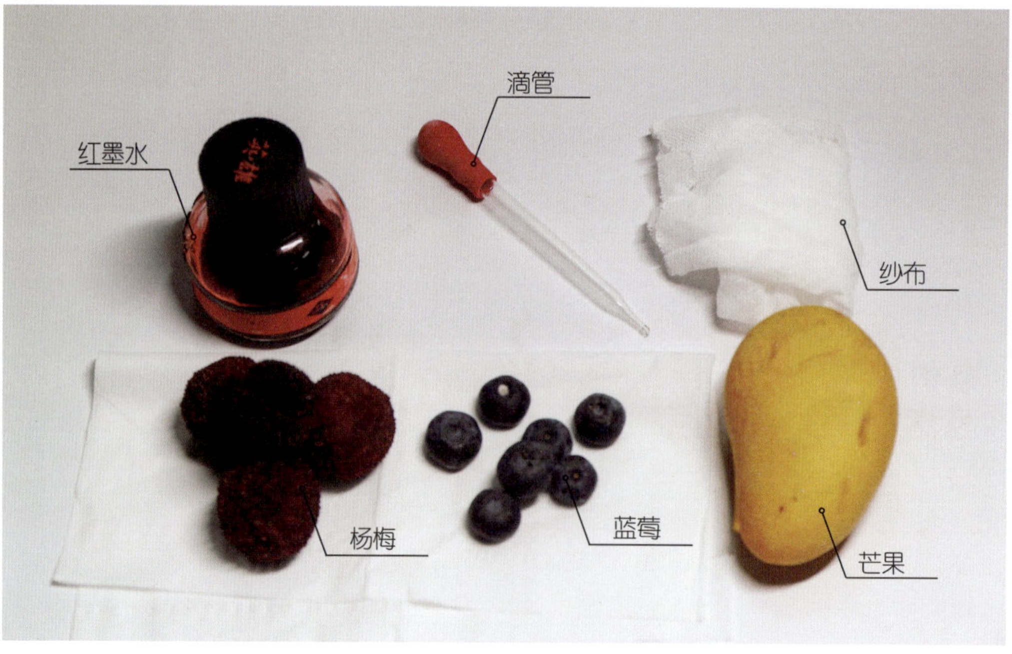

二、研究过程

1. 研究的问题：能不能用各种水果汁给纱布染色呢？

2. 研究步骤：

1 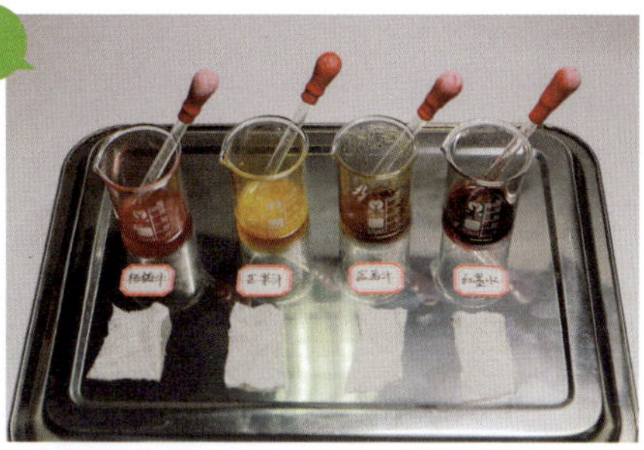

将杨梅、芒果、蓝莓榨成汁。

2 

将3种水果汁和红墨水分别滴到4块纱布上，放置一段时间。

3 晾干水果汁染色的纱布与红墨水染色的纱布，进行对比，记录染色效果。

4 放在水中清洗后，再次对比它们的染色效果。

3. 研究记录表：

	杨梅汁染色	芒果汁染色	蓝莓汁染色	红墨水染色
晾干后的染色效果				
清洗后的染色效果				
其他发现				

我的发现

三、问题库

推荐一：其他的水果汁也能染色吗？

推荐二：植物的各个部分都可以作为染色剂吗？

推荐三：有什么办法可以增强天然染色剂的染色效果呢？

你的新问题：

研制泡泡水

你喜欢吹泡泡吗？用自己家里常见的物品也能调制出泡泡水哦！那你知道什么样的配方能吹出又大又多的泡泡吗？

一、所需材料

洗手液、烧杯、注射器、搅拌棒、标签纸、粗吸管若干根（剪去尖头），水适量。

二、研究过程

1. 研究的问题：50 毫升水中加多少洗手液时吹出的泡泡效果最好？

2. 研究步骤：

1 

在 5 个烧杯中分别倒入 50 毫升清水，依次加入 2、4、6、8、10 毫升洗手液。

2 

用搅拌棒充分搅拌，贴上相应的标签。

3 用 5 杯不同浓度的泡泡水吹泡泡，在表格中记录泡泡效果。

4 分析结果，得出最佳配比。

3. 研究记录表：

洗手液的加入量	2 毫升	4 毫升	6 毫升	8 毫升	10 毫升
泡泡效果（文字描述）					
泡泡效果（-/+/++/+++/……）					

注："-" 代表不能吹出泡泡，"+" 越多表示泡泡效果越好。

我的发现

三、问题库

推荐一：洗洁精、洗衣液也能调制出泡泡水吗？怎样的浓度效果最好？

推荐二：把两种泡泡水配方混合在一起会怎样？

推荐三：在配方中加入添加剂，如甘油、白糖，吹出泡泡的效果会怎样？

你的新问题：

泡泡神器

我们已经找到调制泡泡水的最佳配方了，现在我们来做吹泡泡的工具吧！

一、所需材料

矿泉水瓶、棉线、剪刀。

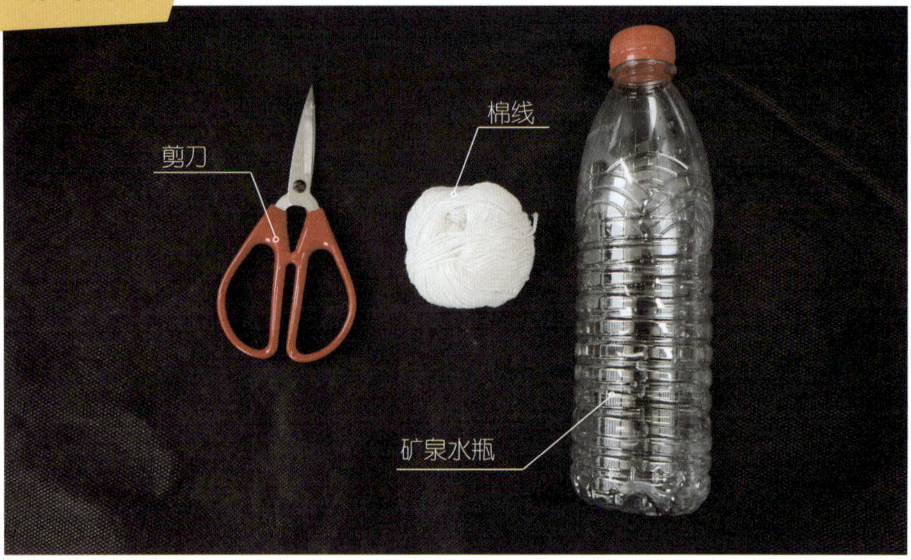

二、研究过程

（一）制作工具

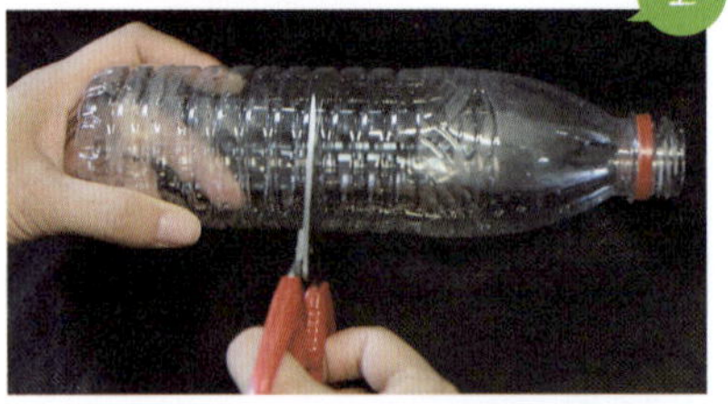

1 打开瓶盖，沿着矿泉水瓶的凹槽剪开。

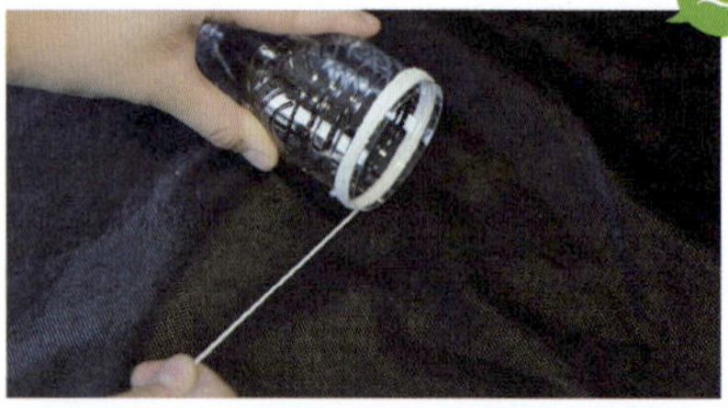

2 把棉线绕在矿泉水瓶的凹槽上，大约10圈。

3 打结、剪去多余的棉线。

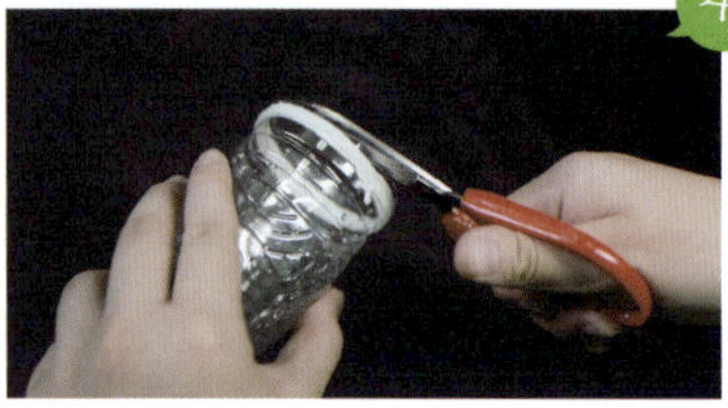

4 修剪瓶口。

（二）泡泡大比拼

1. 研究的问题：瓶筒的长短会影响泡泡的效果吗？

2. 研究步骤：

1

将 3 个相同的矿泉水瓶按上面的方法做成瓶筒长度分别为 5 厘米、10 厘米、15 厘米的工具。

2 反复仔细对比 3 个工具吹出泡泡的效果（尽量蘸取同样多的泡泡水）。

3 记录观察到的现象。

3. 研究记录表：

瓶筒的长短	5 厘米	10 厘米	15 厘米
泡泡大小（估计直径）			
泡泡数量（单次吹出）			

我的发现

三、问题库

推荐一：用铁丝绕成近似圆形的环，再缠绕上布条，能吹出更大的泡泡吗？

推荐二：将铁丝绕成非圆的形状（如三角形、正方形等），吹出的泡泡会怎样？

推荐三：如何吹出一个巨大无比的泡泡？

你的新问题：

可乐吹气球

一般我们都用嘴来吹气球。但你知道吗，可乐与曼妥思也能把气球吹起来，到底怎么做呢？接下来，就让我们一起来试一试吧。

一、所需材料

曼妥思、可乐、气球。

二、研究过程

1. 研究的问题：将不同数量的曼妥思放入可乐中，气球鼓起的大小会一样吗？

2. 研究步骤：

1 准备两瓶可乐，分别编为1号、2号。

2 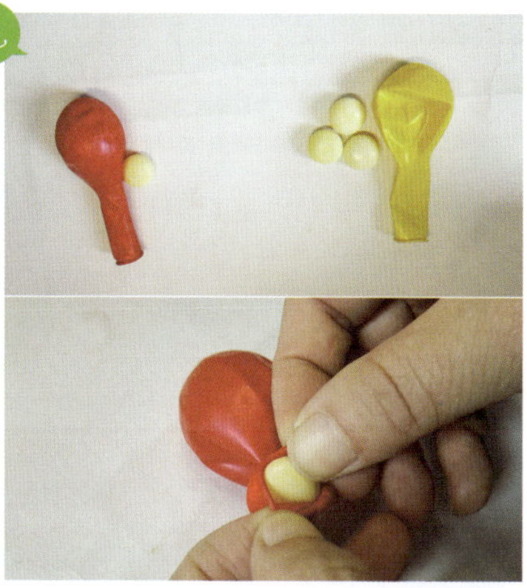

准备两个气球，分别放入1粒、3粒曼妥思。

3 

将两个气球分别套在两瓶可乐的瓶口上。

4 把气球中的曼妥思倒入可乐中，观察现象并记录。

3. 研究记录表：

	可乐 +1 粒曼妥思	可乐 +3 粒曼妥思
观察到的现象		
其他		

我的发现

三、问题库

推荐一：其他饮料如雪碧、芬达、绿茶、橙汁，放入曼妥思也会有这样的现象吗？

推荐二：其他饮料中放入不同数量的曼妥思会有什么现象？

推荐三：有没有其他也具有曼妥思这样特性的物质呢？

你的新问题：

检测维生素C

大家都知道维生素C对我们的身体很重要，那维生素C藏在哪里呢？今天就让我们一起来寻找维生素C吧！

一、所需材料

榨汁机，削皮刀，水果刀，柠檬，西瓜，桃子，苹果，淀粉，碘酒，大、小烧杯，滴管，搅拌棒（图略），药匙（图略），标签纸（图略）。

二、研究过程

（一）制取检测液

1

准备一大杯水，加入1勺淀粉，搅拌均匀。

2

在白色淀粉溶液中滴加2滴碘酒，搅拌均匀。淀粉溶液逐渐变成紫色，这即为检测液。

3

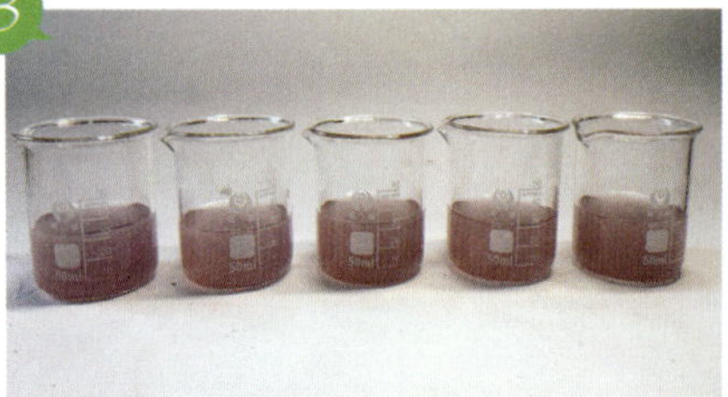

在5个小杯子中倒入紫色淀粉溶液备用。

（二）检测维生素 C

1. 取一小杯检测液。
2. 将柠檬榨成汁，用滴管吸取柠檬汁，一滴一滴慢慢滴入检测液中，搅拌均匀。
3. 观察检测液颜色的变化。

（三）研究维生素 C 的含量

1. 研究的问题：柠檬、西瓜、桃子、苹果，哪种水果的维生素 C 含量最高？

2. 研究步骤：

① 取 4 杯一样多的检测液。

②

把苹果削皮切块、西瓜切块、桃子切块，分别榨出这 4 种水果的果汁，贴上标签。

③ 分别用滴管吸取 4 种果汁，滴 20 滴到检测液中。

④ 把 4 杯检测液搅拌均匀，静静观察 1 分钟。

⑤

比较 4 杯检测液的颜色。

3. 研究记录表：

按颜色从浅到深，写出加入的果汁名称：

我的发现

三、问题库

推荐一：其他水果也含有维生素 C 吗？

推荐二：蔬菜中含有维生素 C 吗？

推荐三：还有其他检测维生素 C 的方法吗？

你的新问题：

变色紫甘蓝

紫甘蓝是我们经常食用的一种蔬菜。如果把紫甘蓝榨成汁，加入其他液体会有什么变化呢？

一、所需材料

酒精灯、石棉网、三脚架、烧杯、紫甘蓝、白醋、小苏打溶液、白酒、清水、滴管、标签纸。

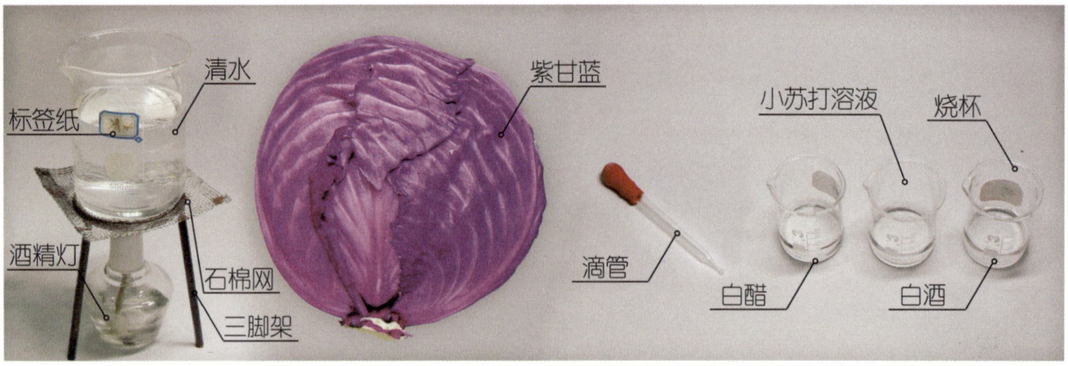

二、研究过程

（一）制作紫甘蓝汁

1 在烧杯中加入约400毫升的水，放入切碎的紫甘蓝。

2

用酒精灯将紫甘蓝汁加热至沸腾，冷却一会儿。

3 滤出紫甘蓝汁备用。

（二）研究紫甘蓝汁

1. 研究的问题：将紫甘蓝汁分别加入白醋、小苏打溶液、白酒中，会有什么变化呢？

2. 研究步骤：

1

准备3个小烧杯，分别倒入20毫升白醋、20毫升小苏打溶液、20毫升白酒。

2

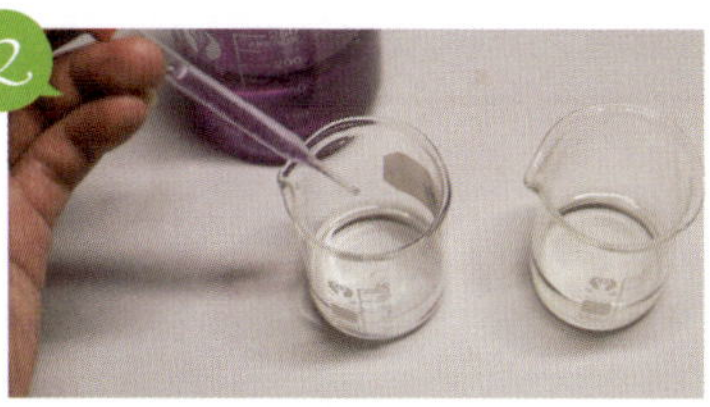

在每个烧杯中分别滴加20滴紫甘蓝汁。

3 观察现象并记录。

4 按上面的步骤，重复试验。

3. 研究记录表：

滴加紫甘蓝汁	白醋	小苏打溶液	白酒
第一次实验现象			
第二次实验现象			
其他			

我的发现

三、问题库

推荐一：其他液体如酱油、茶、果汁，加入紫甘蓝汁会发生什么有趣的现象呢？

推荐二：除了紫甘蓝汁，还有哪些液体也会有这种神奇的特性？

推荐三：紫甘蓝汁与白醋等液体产生的颜色可以持久保留吗？

你的新问题：

水中的磁铁

科学课上，大家都研究过磁铁，知道磁铁具有很多性质。那磁铁放入水中后，它的性质会发生变化吗？我们去试试吧！

一、所需材料

磁铁、回形针、水槽、水。

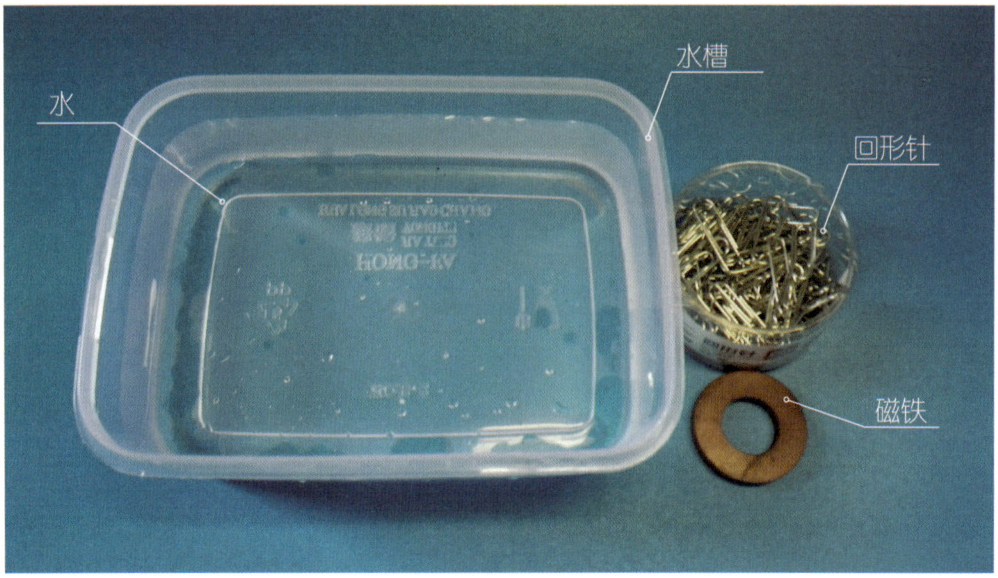

二、研究过程

1. 研究的问题：磁铁放入水中，磁力大小会发生变化吗？

2. 研究步骤：

1

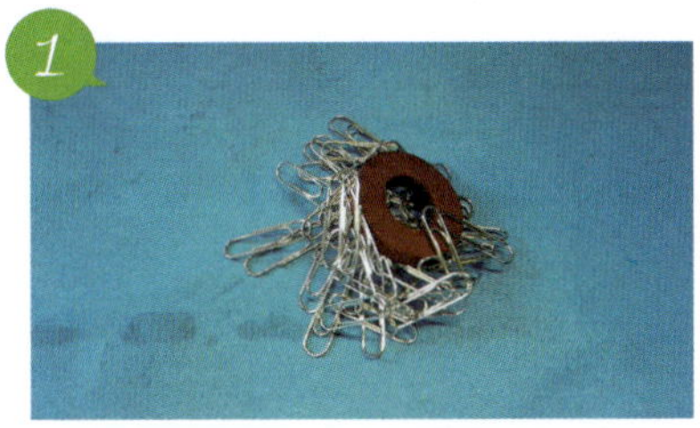

用磁铁吸回形针，看它能吸多少枚。

2 把磁铁放入水中。

3

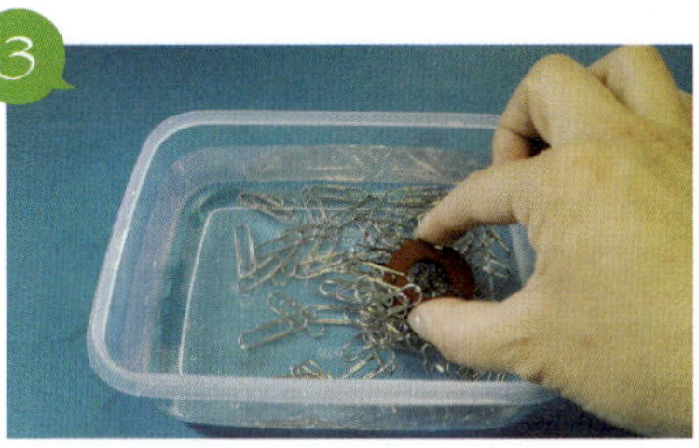

在水中再测出磁铁最多能吸多少枚回形针。

4 重复3次，记录数据，进行对比分析。

3. 研究记录表：

次数	空气中	水中
第一次	枚	枚
第二次	枚	枚
第三次	枚	枚
平均值	枚	枚

我的发现

三、问题库

推荐一：磁铁在水中还具有同极相斥、异极相吸的性质吗？还能指示南北方向吗？

推荐二：在其他液体中，磁铁的性质会发生变化吗？

你的新问题：

不漏水的袋子

装满水的袋子被铅笔戳破了居然不漏水，你们相信吗？一起动手试试吧！

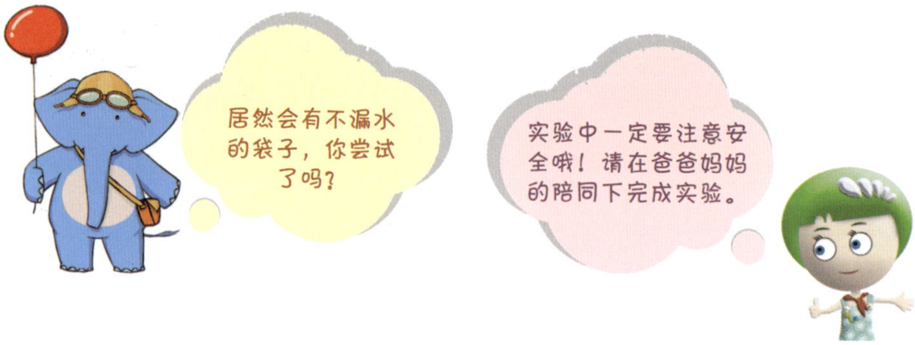

一、所需材料

塑封袋、铅笔、水、烧杯。

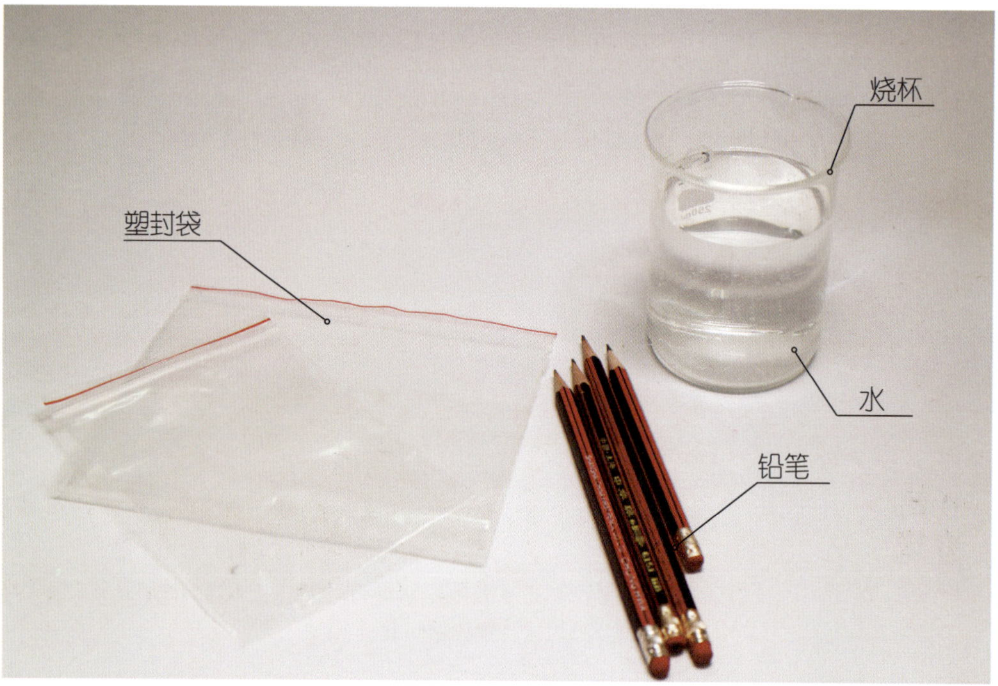

二、研究过程

1. 研究的问题：被铅笔戳破的塑封袋会漏水吗？

2. 研究步骤：

1 取一个塑封袋，往塑封袋里注入一半的水。

2 将铅笔小心插入塑封袋并穿过去。

3 

取多支铅笔小心插入塑封袋并穿过去。

4 观察塑封袋的情况，并记录。

3. 研究记录表：

铅笔支数	塑封袋的情况

我的发现

三、问题库

推荐一：用气球代替塑封袋，效果会一样吗？

推荐二：被大头针戳破的塑封袋会漏水吗？

你的新问题：

自动上升的水

我们都知道"水往低处流"，但一支蜡烛就能让水改变流向。今天我们就让水往高处走！

一、所需材料

圆形塑料盘、打火机、两根长短相同的蜡烛、两个大小不同的烧杯、红墨水、尺子（图略）。

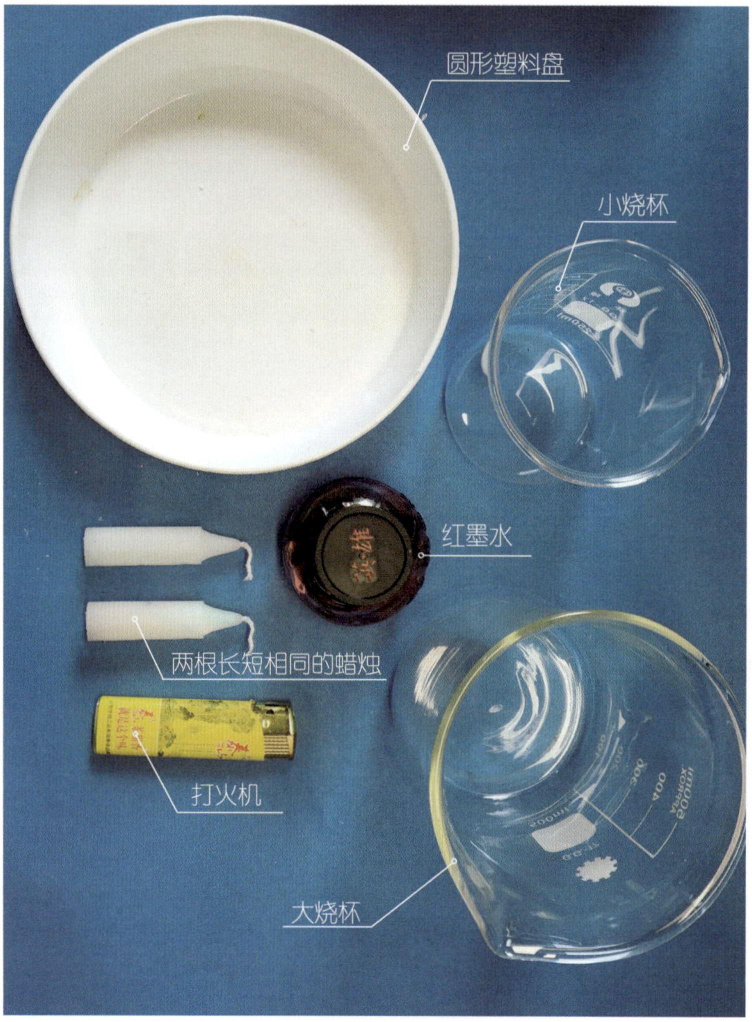

二、研究过程

（一）让水上升

1

点燃蜡烛，在盘子中间滴几滴融化的蜡，把蜡烛粘在蜡上。

2

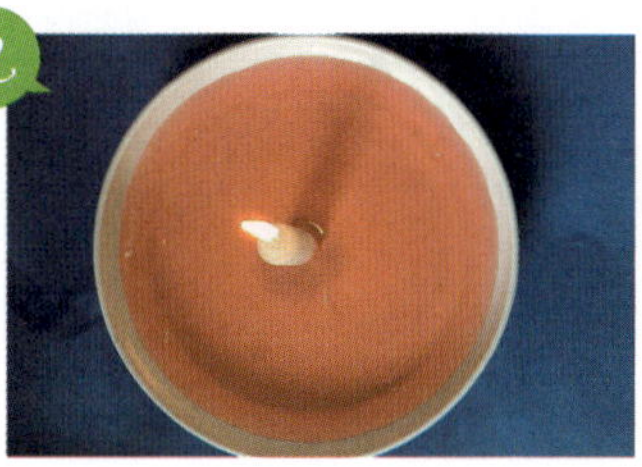

把红墨水倒入盘子里。

3

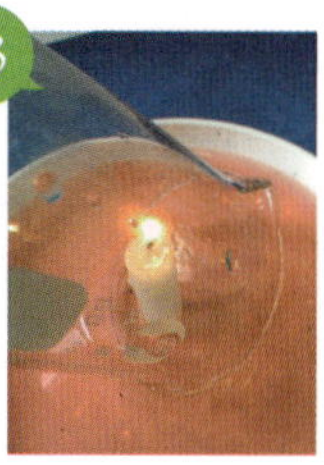

把烧杯盖在蜡烛上。

4 观察烧杯中水位的变化情况，用尺子进行测量，并做好记录。

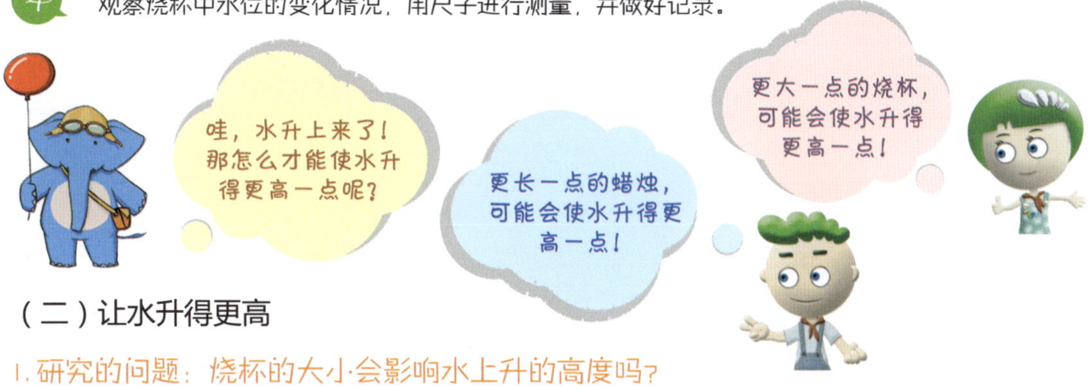

（二）让水升得更高

1. 研究的问题：烧杯的大小会影响水上升的高度吗？

2. 研究步骤：

1

点燃长短相同的两根蜡烛。

2 向两个盘子里倒入等量的红墨水。

3

分别用大小不同的烧杯盖在蜡烛上。

4 观察并测量水位的变化情况，做好记录。

5 重复3次，记录数据，进行分析。

3. 研究记录表：

次数	小烧杯中的水位	大烧杯中的水位
第一次	厘米	厘米
第二次	厘米	厘米
第三次	厘米	厘米

我的发现

三、问题库

推荐一：粗细不同的蜡烛，分别用大小相同的烧杯盖住，水位上升高度会一样吗？

推荐二：长短不同的蜡烛，分别用大小相同的烧杯盖住，水位上升高度会一样吗？

你的新问题：

盐的妙用

大家都知道盐是一种咸味的调味品，告诉你一个秘密，盐除了调味外，还可以快速冰冻饮料呢！

一、所需材料

食盐、冰块、椰汁2罐、大烧杯2个、温度计、圆形塑料盘。

二、研究过程

1. 研究的问题：在冰块中加入食盐能使温度下降得更快吗？

2. 研究步骤：

1 把两罐椰子汁分别放在两个大烧杯的中间，并倒入一样多的冰块。

2 打开两罐椰汁，分别插入两支温度计，读出 0 分钟的温度并记录在表格内。

3 

在 1 号烧杯的冰上倒上大量的食盐，2 号烧杯不倒食盐。

4 

每隔 2 分钟，分别记录两罐椰汁的温度。

3. 研究记录表：

时间	0 分钟	2 分钟	4 分钟	6 分钟	8 分钟
1 号烧杯内椰汁的温度					
2 号烧杯内椰汁的温度					

我的发现

三、问题库

推荐一：白糖能使温度下降得更快吗？

推荐二：味精能使温度下降得更快吗？

推荐三：盐除了调味和降温，还有什么作用呢？

你的新问题：

液体结冰大比拼

我们知道清水在 0℃ 开始结冰。那你知道其他液体是在多少摄氏度开始结冰的吗？我们一起来研究研究吧！

一、所需材料

清水、盐水、糖水、小试管、50 毫升烧杯、盐水冰、电子温度计、标签纸。

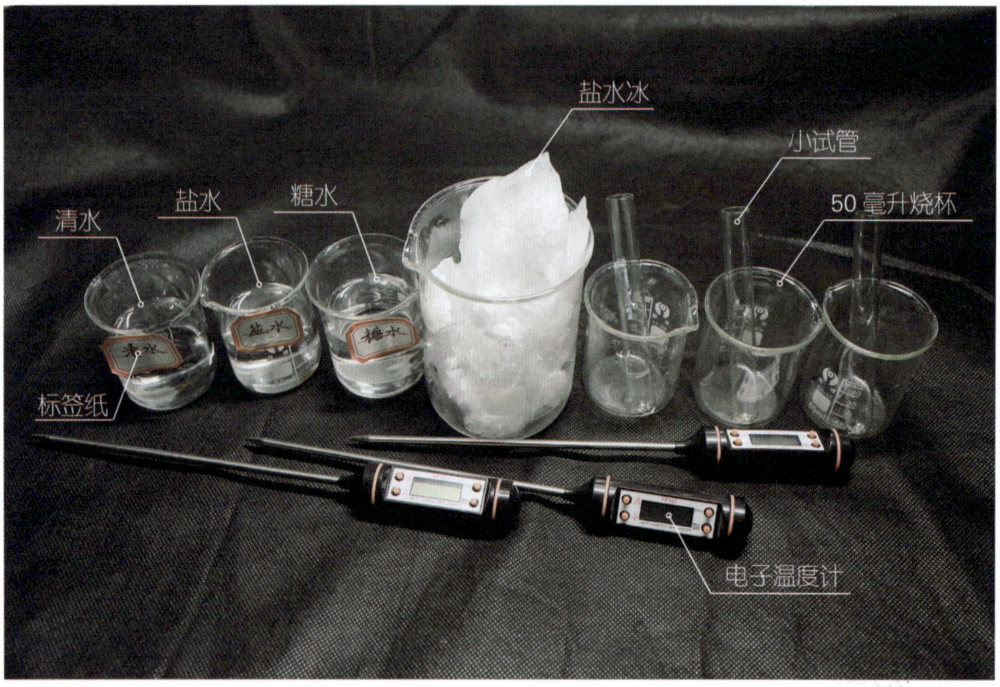

二、研究过程

1. 研究的问题：清水、盐水与糖水的结冰温度一样吗？

2. 研究步骤：

取出冰箱中预先准备的盐水结成的冰，敲碎备用。

取清水、盐水与糖水液体各1毫升，分别装入3支小试管中，编号为1号、2号、3号。

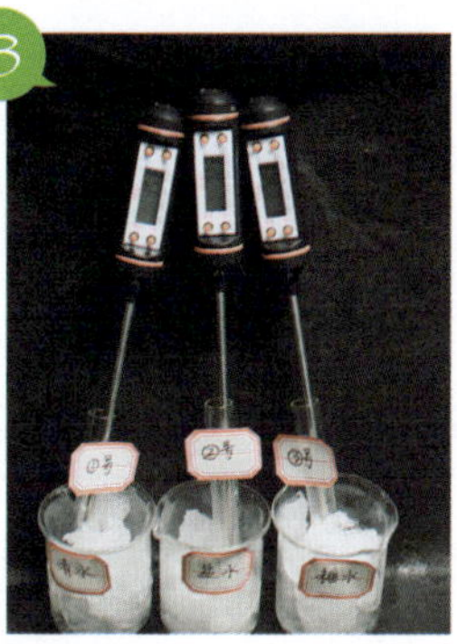

将上述3支试管分别放入装有同样多盐水碎冰的烧杯中，观察记录它们的结冰时间与温度。

4. 重复上述实验步骤3次。

5. 分析数据，寻找规律。

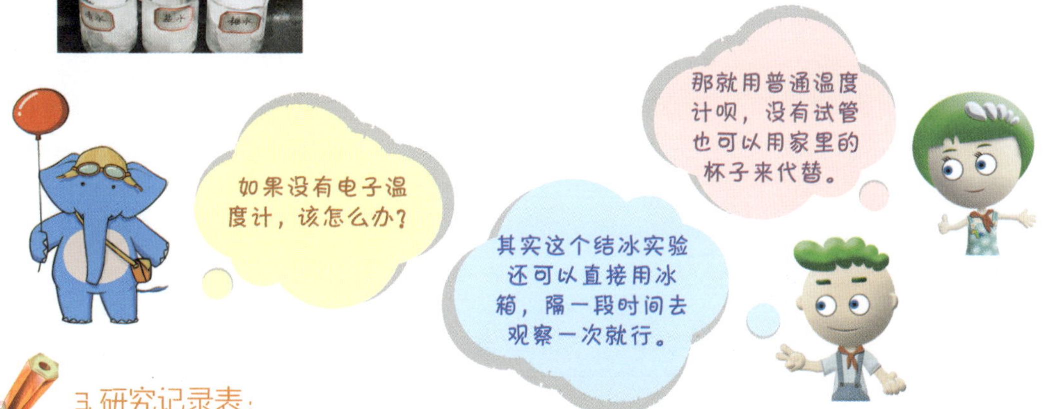

3. 研究记录表：

	第一次		第二次		第三次	
	时间	温度	时间	温度	时间	温度
清水						
盐水						
糖水						

我的发现

三、问题库

推荐一：不同浓度的同种液体，它的结冰时间与温度一样吗？

推荐二：各种饮料结冰的温度与速度一样吗？

推荐三：液体的颜色会影响液体的结冰速度吗？

你的新问题：

"听话"的乒乓球

乒乓球是中国的国球，它可听乒乓球高手的指挥了。我教你一个方法吧，你也可以让乒乓球乖乖"听话"哦。

一、所需材料

乒乓球、塑料瓶、剪刀、水槽、水、秒表。

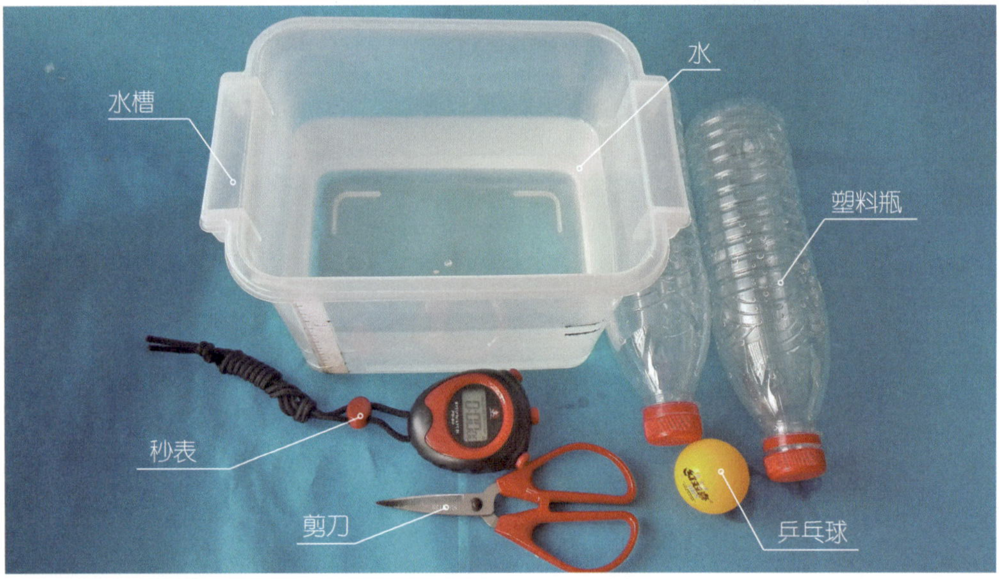

二、研究过程

（一）制作装置

1. 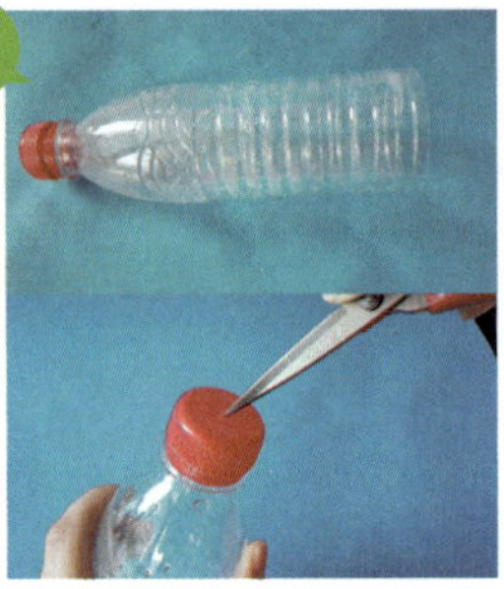
把塑料瓶的底部剪开，瓶盖扎一个孔。

2. 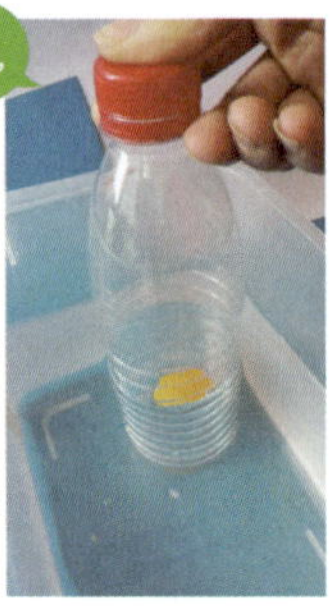
把乒乓球放在水槽里，手指压住塑料瓶盖上的小孔，将塑料瓶扣在乒乓球上，压到水槽的底部。

3. 边喊"上来""上来"，边把压在小孔上的手指慢慢松开，看看乒乓球会不会听你的指挥。

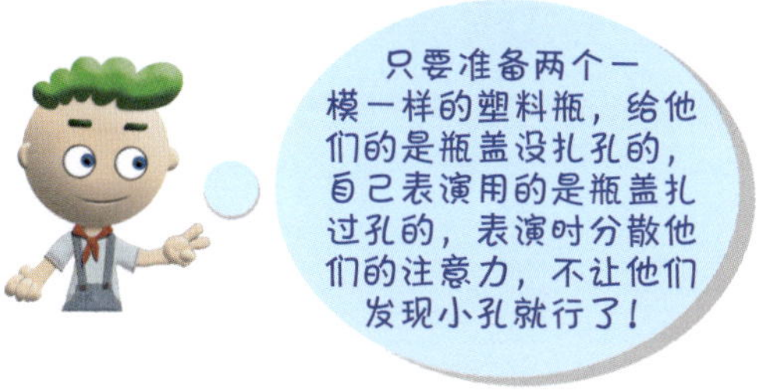

（二）研究怎样上升更快

1. 研究的问题：瓶盖上的孔变大，乒乓球上升的速度会变快吗？

2. 研究步骤：

① 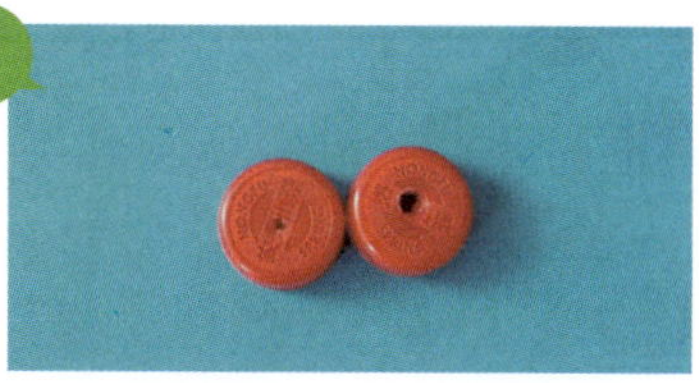

用剪刀把两个相同的塑料瓶剪去相同多的底部，分别在两个瓶盖上扎出大小不一样的孔。

② 把乒乓球放在水槽里，手指压住有小孔的塑料瓶盖，将塑料瓶扣在乒乓球上，压到水槽的底部。

③ 

放开手指，同时测量乒乓球上升到最高水位所用的时间。

④ 采用同样的方法，测量大孔瓶盖的塑料瓶里乒乓球上升到最高水位所用的时间。

⑤ 重复上面的步骤，仔细观察并记录。

3. 研究记录表：

次数	小孔瓶盖（乒乓球上升所用的时间）	大孔瓶盖（乒乓球上升所用的时间）
第一次	秒	秒
第二次	秒	秒
第三次	秒	秒

我的发现

三、问题库

推荐一：大小不一样的瓶子会影响乒乓球上升的速度吗？

推荐二：水的温度会影响乒乓球上升的速度吗？

你的新问题：

踩不破的气球

气球在我们的印象中是一踩就破。气球上站一两个人还不会破，这可能吗？今天我们就一起来见识一下踩不破的气球。

一、所需材料

气球、长方形小木板、双面胶。

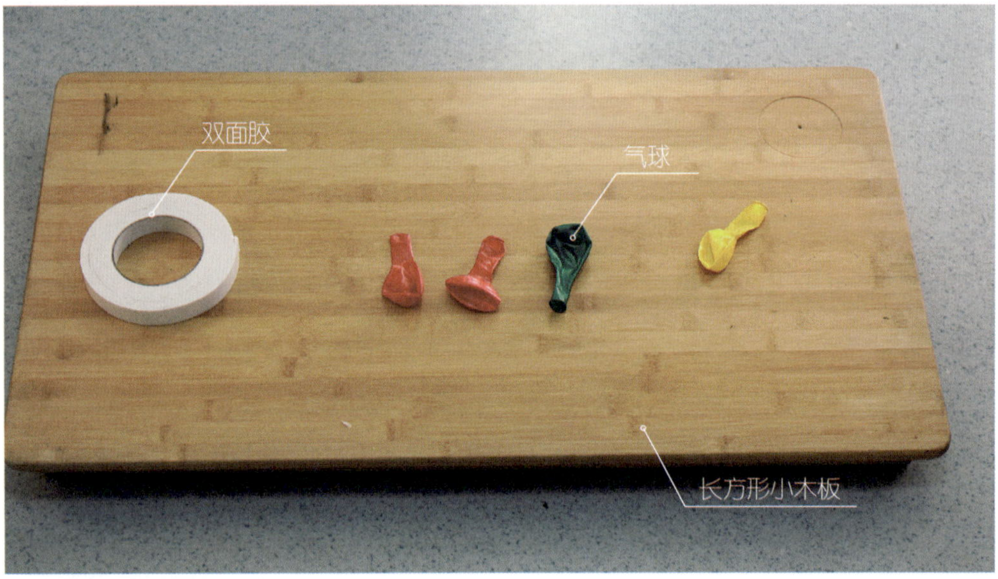

二、研究过程

（一）做一做

1 尽量把4个气球吹得一样鼓，但是不要太鼓。

2 把气球用双面胶固定在小木板的四个角上。

3 把小木板翻过来，就可以慢慢地站上去了。

（二）研究气球的承受能力

1. 研究的问题：气球吹得鼓不鼓会影响气球的承重吗？

2. 研究步骤：

1. 取四个气球，两个气球吹得很鼓，两个气球吹到中等程度。
2. 用双面胶把两个很鼓的气球与两个中等程度的气球分别固定在两个相同的小木板下方。
3. 在小木板上依次增加书本，观察气球的变化情况，并做好记录。
4. 重复实验 3 次。

3. 研究记录表：

次数	吹得很鼓的气球	吹到中等程度的气球
第一次		
第二次		
第三次		

我的发现

三、问题库

推荐一：气球材质越厚，气球的承重能力越强吗？

推荐二：向气球中吹入不同种类的气体会影响气球的承重吗？

推荐三：气球中加入水会影响气球的承重吗？

你的新问题：

隔空取物

如果我们具有隔空取物的特异功能，就可以躺在床上，将自己想要的东西随手拿来。隔空取物真的可以实现吗？

一、所需材料

气球、棉线、小竹竿、毛皮、丝绸、小纸屑。

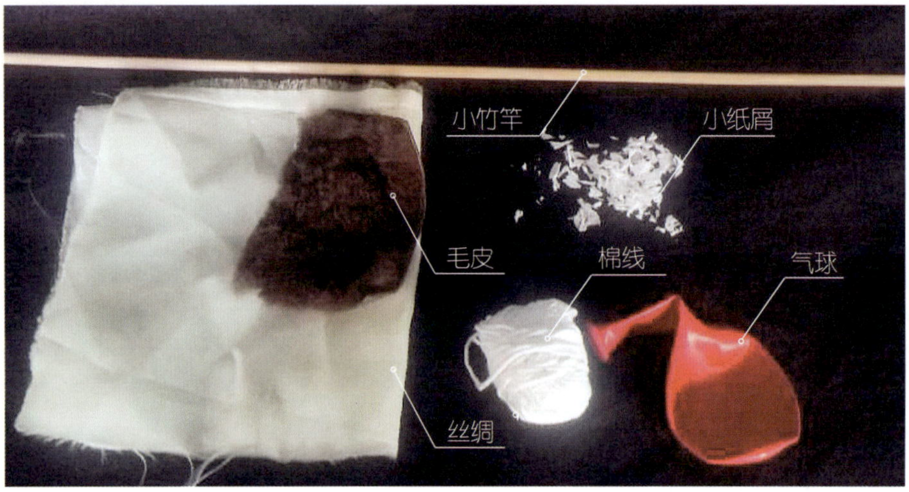

二、研究过程

（一）制作隔空取物装置

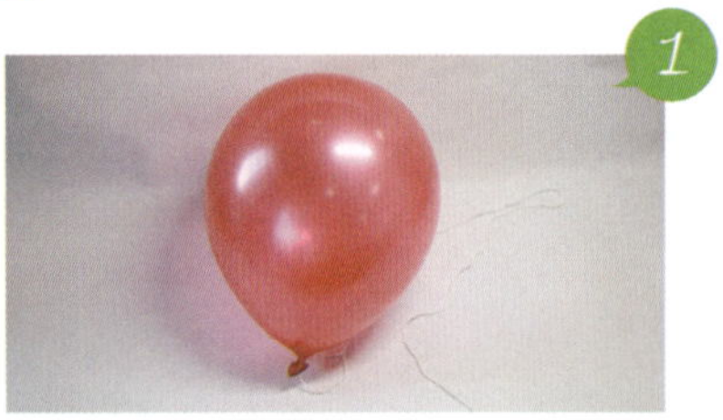

1. 把气球吹鼓，尽量饱满一点，用棉线系好，不要漏气。

2. 把棉线的另一端系在小竹竿的中间。

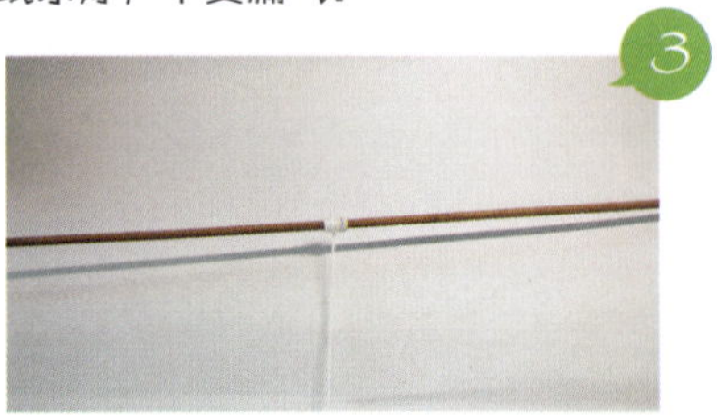

3. 把小竹竿的两端分别放置在两张桌子上。

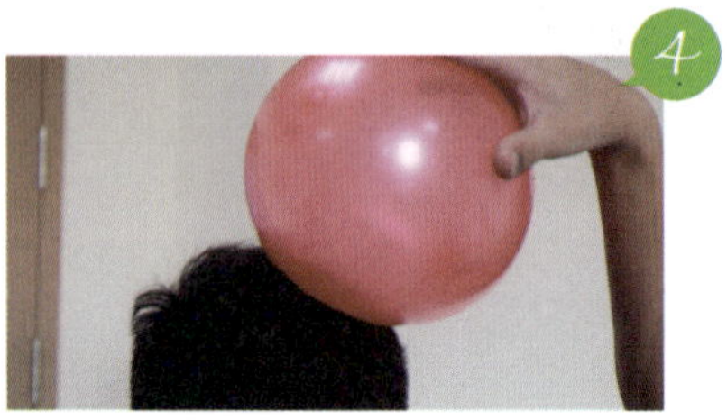

4. 用气球摩擦头发，然后用手慢慢靠近气球。

（二）研究静电现象

1. 研究的问题：与气球发生摩擦的物体不同，产生静电的多少也会不同吗？

2. 研究步骤：

1. 选两个一样的气球，吹到一样大小（尽量大一点）。
2. 一个气球用毛皮摩擦，一个气球用丝绸摩擦。
3. 用两个气球分别去吸引小纸屑，记录被吸引的小纸屑数量，重复3次，取平均值。
4. 比较小纸屑的数量，看看有什么发现。

3. 研究记录表：

次数	毛皮	丝绸
第一次	片	片
第二次	片	片
第三次	片	片
平均值	片	片

我的发现

三、问题库

推荐一：气球摩擦头发次数越多，静电越多吗？

推荐二：空气的干燥与潮湿程度会影响静电的多少吗？

推荐三：气球材质的厚薄会影响静电的多少吗？

你的新问题：

柠檬发电

你知道吗？柠檬不但可以食用，还能发电呢！

一、所需材料

万用表、柠檬 3 个、同样长短的铜棒和铁棒、导线若干、标签纸（图略）、直尺（图略）。

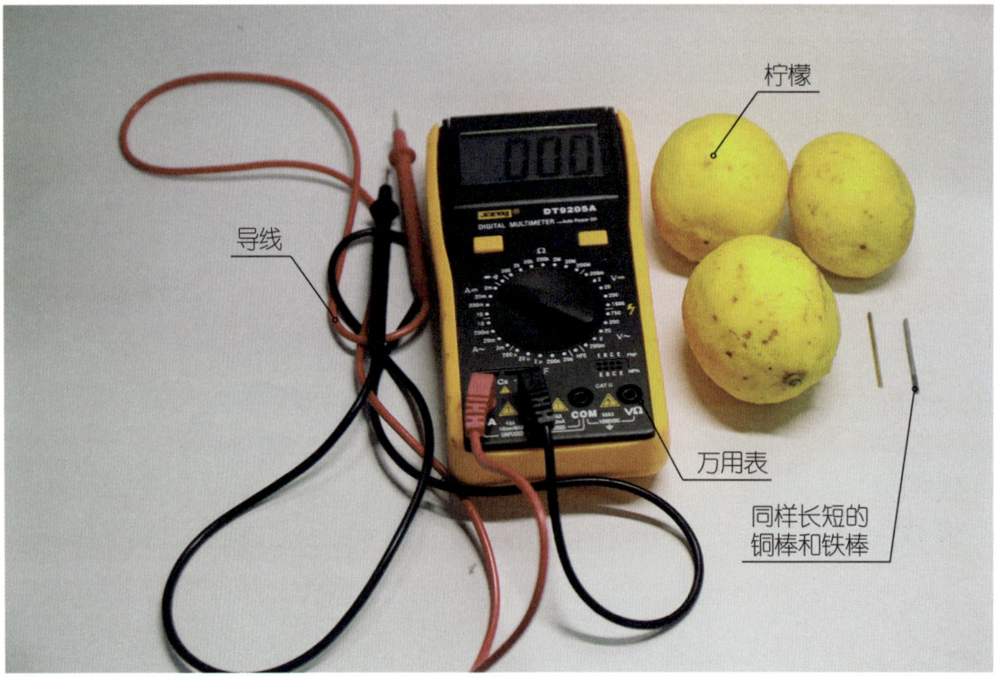

二、研究过程

1. 研究的问题：柠檬真的能发电吗？

2. 研究步骤：

①

将铜棒和铁棒分别插在柠檬上，间距为 3 厘米。

②

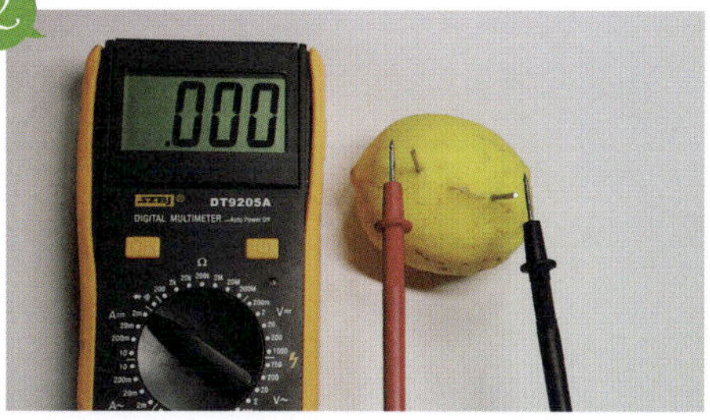

用万用表的两端分别接触铜棒和铁棒露在外面的一端，记录数据。

③ 将每个柠檬上的铜棒和铁棒换个位置，间距依然为 3 厘米，反复测量，记录数据。

④ 分析数据，得出结论。

3. 研究记录表：

柠檬产生的电流记录表

次　数	产生的电流（毫安）		
	柠檬 A	柠檬 B	柠檬 C
第一次			
第二次			
第三次			

我的发现

三、问题库

推荐一：2 个、3 个、4 个柠檬串联起来，产生的电流会增多吗？

推荐二：铜棒与铁棒之间的距离会影响柠檬产生的电量吗？

推荐三：铜棒与铁棒插入柠檬的深度会影响柠檬产生的电量吗？

你的新问题：

寻找指纹

警察叔叔经常用收集指纹的方法破案，你知道其中的原理吗？就让我们当回小小侦探，试试如何寻找指纹吧！

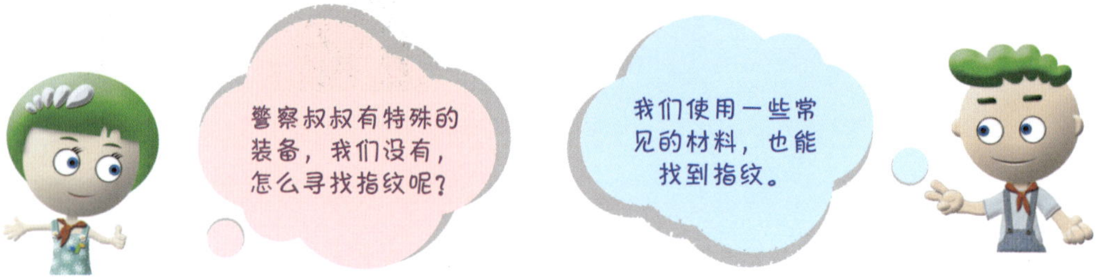

一、所需材料

玻璃杯、宽透明胶带、彩色粉笔、毛笔、圆形塑料盘。

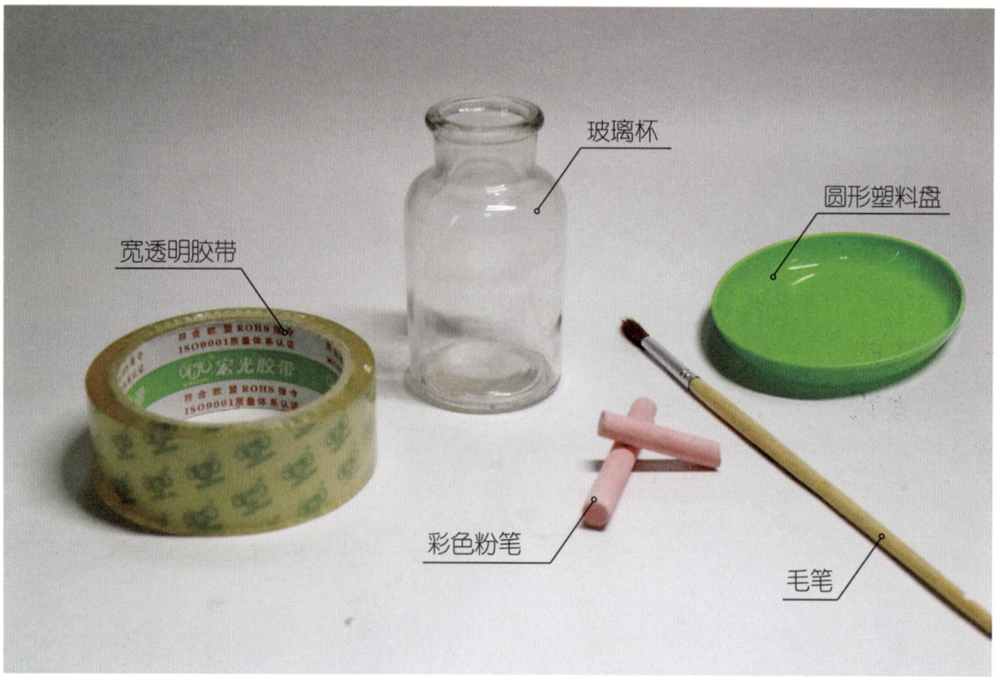

二、研究过程

1. 研究的问题：如何寻找指纹？

2. 研究步骤：

1

将彩色粉笔磨成粉笔末。

2

用毛笔蘸取少量粉笔末，轻轻抖落到有指纹印的玻璃杯上。

3 轻轻将多余的粉笔末吹掉。

4

用宽透明胶带粘住杯子。

5 观察并记录。

3. 研究记录表：

收集到的指纹	

三、问题库

推荐一：把粉笔末换成爽身粉、铅笔芯粉末，效果一样吗？

推荐二：将透明胶带换成不同颜色的胶带纸，实验结果是否明显？

你的新问题：

拉米罐的研究

把大米装进瓶子，只要用一根筷子就可把这瓶大米给提起来，你信吗？赶紧试一试吧！

一、所需材料

小口瓶子、米、筷子、油性记号笔（图略）、直尺（图略）。

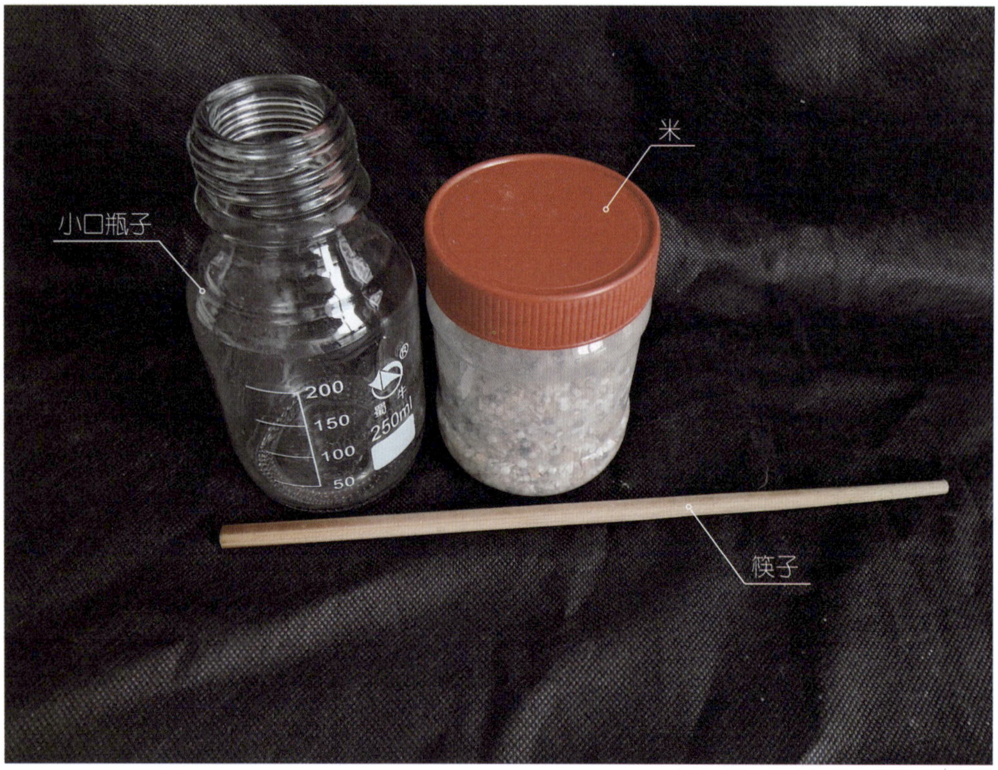

二、研究过程

（一）制作拉米罐

1

在小口瓶内装满大米，并将一根筷子竖直插入小口瓶正中间。

2

用手抓住筷子的上端，轻轻往上提。

（二）研究拉米罐

1. 研究的问题：筷子插入深度不同，是否都能提起同一个米罐？

2. 研究方法：

1

在筷子上画 3 条线（深度线）。

2

根据深度线依次把筷子插入米罐中。

3

分别抓住筷子同一部位，竖直向上轻轻提拉筷子。

4 重复 3 次，观察记录每次的实验效果，分析获得结论。

3. 研究记录表：

筷子插入深度	第一次	第二次	第三次
5 厘米			
10 厘米			
15 厘米			

注：用“☆”表示提拉效果，☆”越多，表示效果越好。

我的发现

三、问题库

推荐一：筷子粗细不同，提拉米罐效果一样吗？

推荐二：筷子材质不同，提拉米罐效果一样吗？

你的新问题：

调味料在水中的溶解能力

炒菜的时候，我们会加入盐、醋、糖等调味料，但是食物煮熟之后，怎么调味料不见了呢？原来是溶解了。那你知道溶解的秘密吗？我们一起来做个研究吧！

一、所需材料

小烧杯、白糖、玻璃棒、小勺、称量纸、天平。

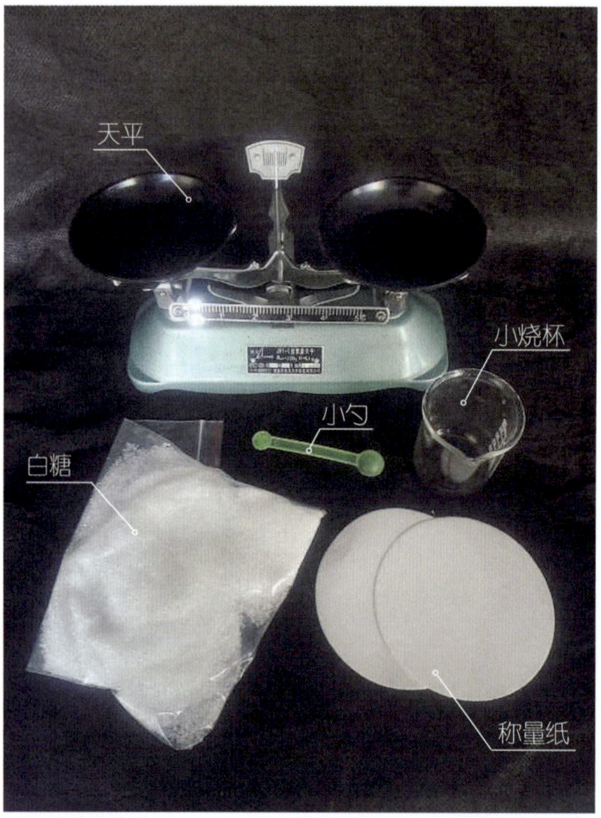

二、研究过程

1.研究的问题：100毫升水中可以溶解多少白砂糖？

2.研究步骤：

1

用小烧杯取20毫升的水。

2

在烧杯中加入一平勺白砂糖，完全溶解后加第二勺。

3

直到加入的白砂糖不能溶解为止，统计杯中溶解的白砂糖勺数。

4

称出一平勺白砂糖的质量，计算出100毫升水中能溶解多少白砂糖。

5 重复进行3次，取平均值。

3.研究记录表：

次数	20毫升水中溶解的白砂糖	100毫升水中溶解的白砂糖
第一次	克	克
第二次	克	克
第三次	克	克
平均值	克	克

我的发现

三、问题库

推荐一：100毫升水中能溶解多少小苏打呢？

推荐二：100毫升水中能溶解多少味精呢？

推荐三：食盐在水中的溶解能力强于白砂糖吗？

你的新问题：

颜料“赛跑”

等量的红墨水和蓝墨水混合后会变成什么样呢？如果让它们再遇上白粉笔，会发生什么现象呢？

一、所需材料

蓝墨水、红墨水、培养皿、白粉笔、滴管、水、烧杯。

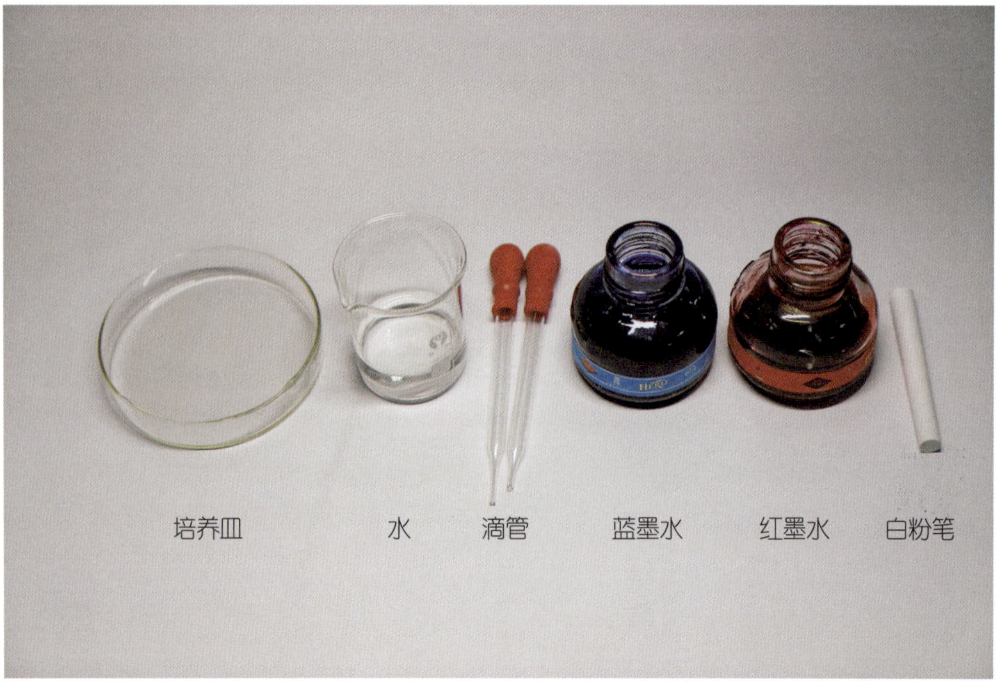

二、研究过程

1. 研究的问题：混合的红墨水和蓝墨水遇到白粉笔会发生什么？

2. 研究步骤：

1 

在培养皿中倒入20毫升水。

2 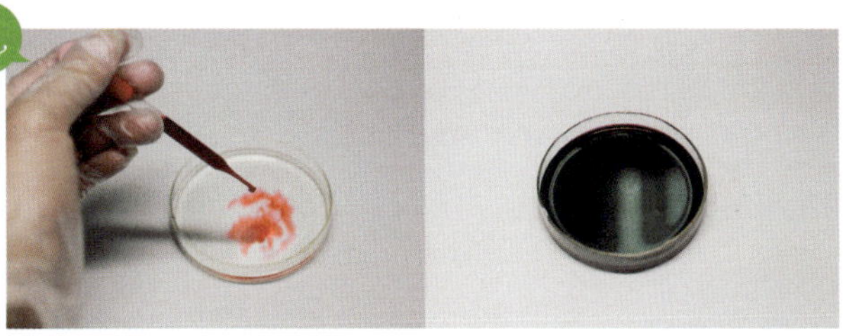

分别滴加20滴红墨水和20滴蓝墨水，轻轻搅拌均匀。

3 

将白粉笔竖直插在混合液体中。

4 重复3次，观察并记录现象。

3. 研究记录表：

	第一次	第二次	第三次
观察到的现象			
其他			

我的发现

三、问题库

推荐一：使用其他不同颜色的液体，能否在白粉笔上出现分层呢？

推荐二：使用不同种类的液体，能否在白粉笔上出现分层呢？

你的新问题：

纸船载重

你们做过纸船吗？它能够承载多少重量呢？不同形状的纸船载重会一样吗？我们一起来试试吧！

一、所需材料

同样大小和材质的纸若干张、垫圈、水槽、水、双面胶（图略）。

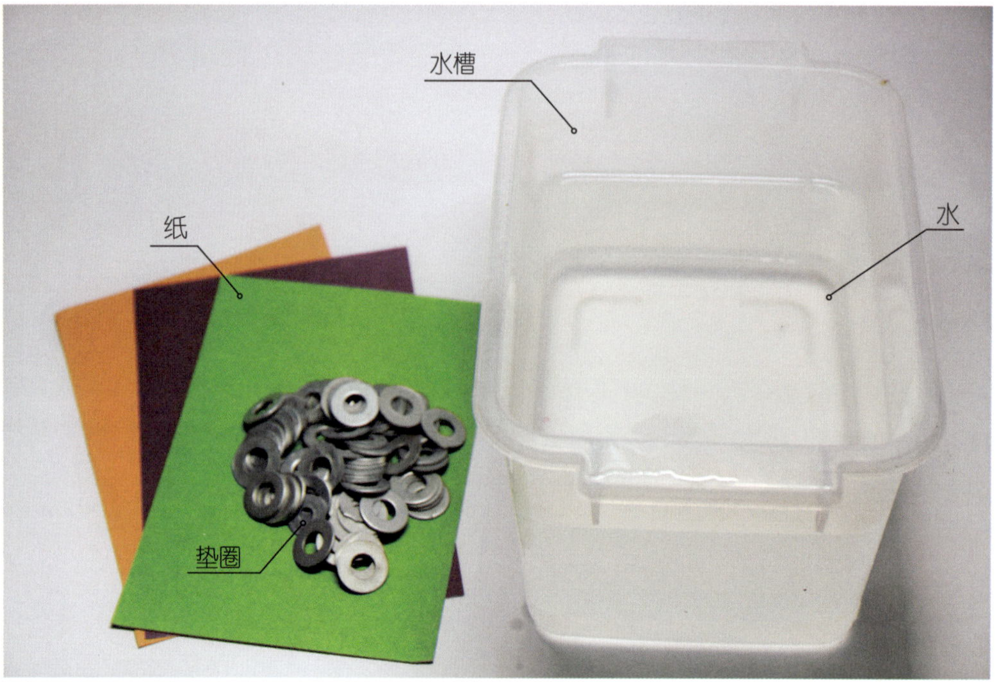

二、研究过程

1. 研究的问题：不同形状的纸船载重有什么不同？

2. 研究步骤：

1

取 3 张相同的纸，分别制作 3 艘不同形状的小船。

2

分别在每艘小船上加垫圈，直至小船沉没。

3 重复 3 次，记录数据并分析。

3. 研究记录表：

小船形状	第一次载重量	第二次载重量	第三次载重量
长方形			
正方形			
三角形			

我的发现

三、问题库

推荐一：用同一张纸，怎样做才能使它的载重量达到最大？

推荐二：垫圈放置位置与纸船载重有关系吗？

推荐三：用不同种类的纸做的小船，载重量一样吗？

你的新问题：

比比谁更重

不用称重工具，你知道自来水和盐水哪个更重一些吗？有一个秘密武器可以帮你哦，赶紧准备好材料，一起做一做，测一测吧！

一、所需材料

吸管、橡皮泥、杯子、水、食盐、勺子、剪刀、油性记号笔、小木棒（搅拌用）。

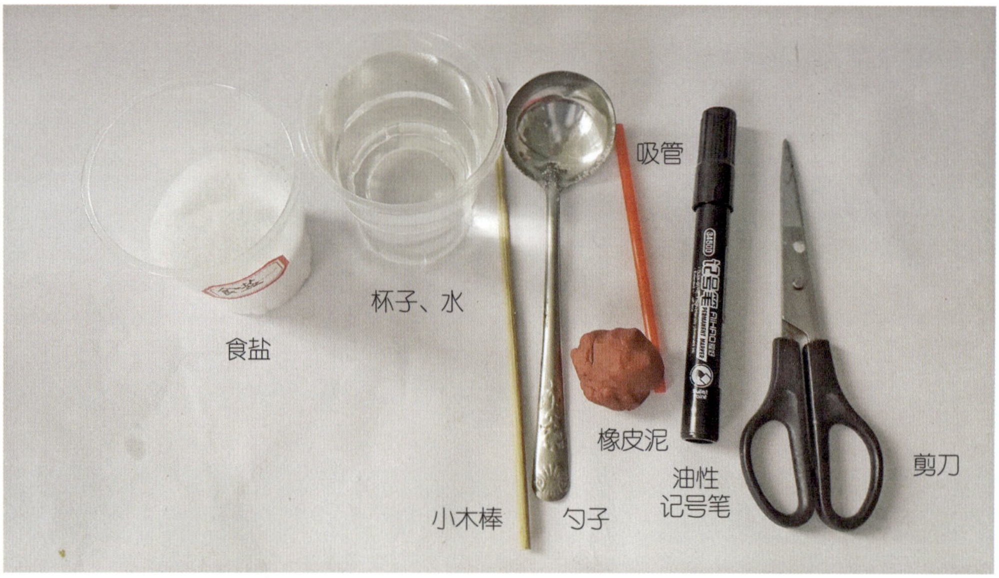

二、研究过程

（一）制作简易比重计

1

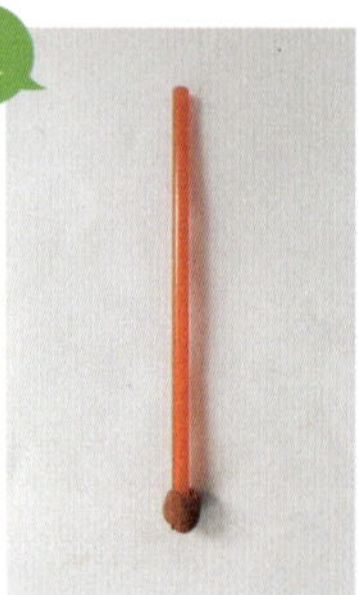

取一截吸管，在其一端堵上橡皮泥，避免水进入吸管。

2

不断调整橡皮泥的量和位置，让吸管直立悬浮在水中。

3

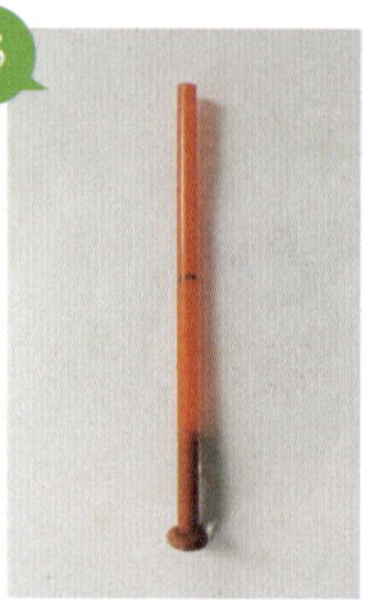

用油性记号笔在吸管的水位处做个记号。

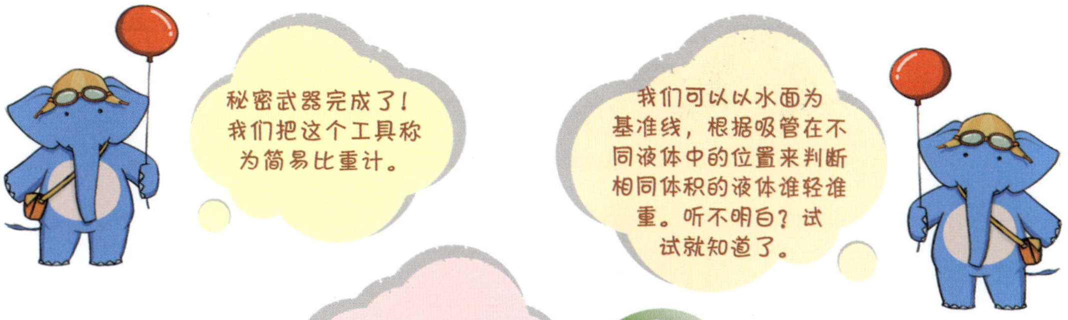

（二）研究简易比重计

1. 研究的问题：怎样才能比出液体的重量？

2. 研究步骤：

1 在水中加1勺食盐，用小木棒搅拌直到完全溶解，将简易比重计放入盐水中，仔细观察它在盐水中的位置，并做记号。

2 同上一步实验，继续1勺1勺加食盐，直至食盐不能溶解在水中。每次加完食盐后都将简易比重计放入盐水中，仔细观察它在盐水中的位置，并做记号。

3 观察记录并分析。

3. 研究记录表：

观察到的现象		
（　）勺食盐	（　）勺食盐	（　）勺食盐

注：可以用图文结合的方式把比重计在液体中的位置或液面线画出来。

我的发现

三、问题库

推荐一：身边的其他液体和水相比，谁重谁轻呢？

推荐二：还有哪些方法可以制作比重计呢？

你的新问题：

热喷泉

小朋友们，你们见过喷泉吗？我们可以用废弃的小药瓶做一个热喷泉。

一、所需材料

热水、粗吸管、细吸管、大小药瓶、橡皮泥（图略）、大烧杯（图略）。

二、研究过程

（一）制作热喷泉

1 在小药瓶里加入一点水。

2 

把粗吸管插入药瓶中，用橡皮泥把瓶口封紧。

3 

将药瓶放入热水中，观察吸管口的变化。

（二）研究喷泉 1

1. 研究的问题：用更细的吸管，水会喷得更高点吗？

2. 研究步骤：

1 

把粗吸管换成细吸管。

2 将药瓶放入热水中，观察吸管口水位的变化。

我的发现

（三）研究喷泉 2

1. 研究的问题：用更小的药瓶，水会喷得更高点吗？

2. 研究步骤：

1 

把大药瓶换成小药瓶。

2 将药瓶放入热水中，观察吸管口水位的变化。

我的发现

三、问题库

推荐一：在药瓶里多加点水，水会喷得更高吗？

推荐二：将药瓶放入更热的水里，水会喷得更高吗？

推荐三：粗细相同、长短不同的吸管，水喷出来的高度一样吗？

你的新问题：

美丽的晶体

雪花、食盐、白糖等都是晶体，它们都有特定的形状与结构。今天我们也来制作一块晶体吧，比比谁制作的晶体最大最漂亮！

一、所需材料

硫酸铜、小勺、搅拌棒、烧杯、木棒、棉线、酒精灯、火柴、石棉网、三脚架、标签纸（图略）。

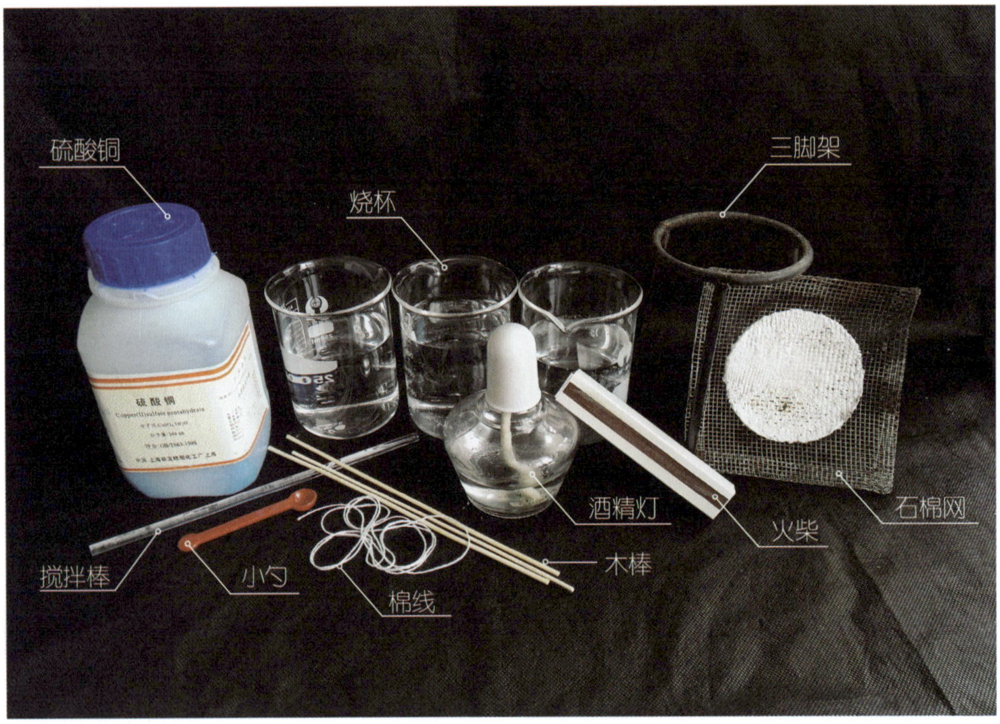

二、研究过程

1. 研究的问题：硫酸铜溶液的浓度不同，生成硫酸铜结晶的速度一样吗？

2. 研究步骤：

1 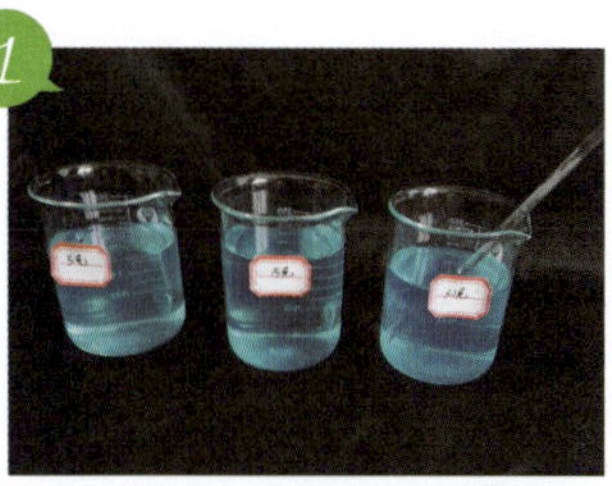

制作3杯不同浓度的硫酸铜溶液（用小勺分别取5勺、10勺、30勺硫酸铜，各加入200毫升的清水中，充分搅拌）。

2 

同时加热3杯硫酸铜溶液，直到沸腾。

3 

分别往3个烧杯中放入同样长度的棉线。

4 静置观察，记录时间与结晶效果，分析获得结论。

3. 研究记录表：

硫酸铜浓度	结晶效果记录			
	6小时	12小时	18小时	24小时
5勺				
10勺				
30勺				

我的发现

三、问题库

推荐一：棉线粗细不同会影响硫酸铜结晶的速度吗？

推荐二：线的材质不同会影响硫酸铜结晶的速度吗？

推荐三：温度会影响硫酸铜结晶的速度吗？

你的新问题：

会流汗的叶子

人类及其他动物能通过皮肤流汗散失一定的水分，那植物的叶子也会流汗吗？我们来研究一下吧！

一、所需材料

新鲜的草茎（叶片数≥5）、水（图略）、橡皮泥、矿泉水瓶、长钉子、纸巾（图略）。

二、研究过程

1. 研究的问题：叶子会“流汗”吗？

2. 研究步骤：

1 将橡皮泥捏成一个“软木塞”的形状，长约4厘米，大小要与瓶口大小吻合。

2 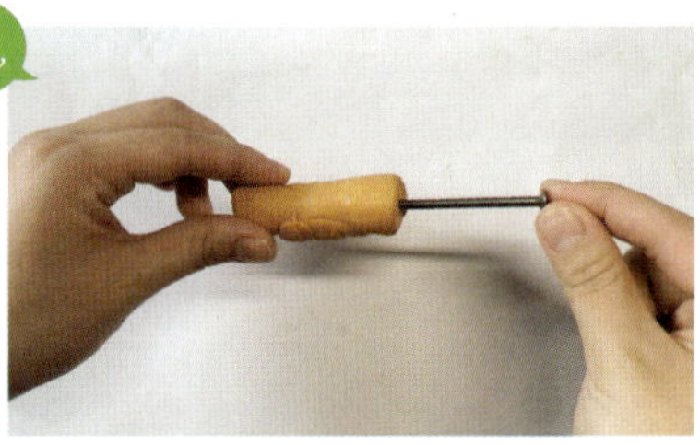

用长钉子在橡皮泥塞中间钻一个洞。

3 

在其中一个瓶子里装上大半瓶水，再将植物的茎连同橡皮泥塞一起插入瓶口。瓶塞只塞入一半，并保证植物茎的底部能浸没到水中。

4 用纸巾小心地擦掉另外一个瓶子以及植物茎（包括叶子）上的水，让它们保持干燥。

5 

将植物茎的上半部分小心地塞入另一个瓶子里，并让两个瓶子的瓶口对接。

3. 研究记录表：

植物叶片蒸发水分实验

实验时间	实验现象
1 小时后	
3 小时后	
5 小时后	
____小时后	
____小时后	

我的发现

三、问题库

推荐一：叶子上下两面都能蒸发水分吗？

推荐二：叶子蒸发水分的多少与叶片大小有关吗？

推荐三：不同植物的叶子蒸发水分的能力一样吗？

你的新问题：

水果保鲜初探

大家肯定喜欢吃水果吧！可是有些水果很容易变质，怎么办呢？有什么办法能够让水果保鲜的时间更久些呢？快来试一试吧！

一、所需材料

品种批次、大小、软硬程度尽量相近的猕猴桃6个，封口袋3个，托盘。

二、研究过程

1. 研究的问题：通风会影响猕猴桃保鲜吗？

2. 研究步骤：

1

将3个猕猴桃分别放入封口袋中封紧，和另外3个猕猴桃一起放在托盘上。

2

把猕猴桃放在窗口通风处。

3 每天观察，及时记录。

4 分析现象，得出结论。

3. 研究记录表：

通风和水果保鲜的关系观察记录表

时　间	观察到的现象
第　天	
第　天	
第　天	

我的发现

三、问题库

推荐一：温度会影响水果保鲜吗？

推荐二：阳光会影响水果保鲜吗？

你的新问题：

我和花儿有个约会

春天到了，山野上、马路边、公园里开满了各色各样的花儿。各种植物的花的结构都一样吗？花的生长需要什么环境条件呢？赶快跟花儿来次亲密约会吧！

一、所需材料

放大镜、镊子、彩色铅笔、长势相当的植株（未开花）6株、花盆6个、壤土、水、水壶、铲子。

二、研究过程

（一）我的花园

1. 研究的问题：观察植物花的外形特征和内部结构。

2. 研究步骤：

1. 记录观察花的时间、地点以及花名（如果不知道，可以先拍照再进行查阅、询问）。
2. 用肉眼仔细观察花的外形，用彩色铅笔将它画下来。
3. 用镊子轻轻拨动，借助放大镜仔细观察花的内部结构，如花瓣、花蕊的颜色、数量等，并做好记录。

3. 研究记录表：

花名：________ 地点：________ 时间：________

画一画花的模样：

写一写花的特点：
（如花各部分的颜色、气味、数量或其他发现）

（二）我的花田

1. 研究的问题：________花的生长与阳光有关吗？

2. 研究步骤：

1. 准备 6 个大小相同的花盆，放入等量的壤土（大约四分之三花盆的土）。
2. 用手在花盆中心拨开一个小坑，把植株放入坑中，再加适量的土覆盖，浇等量的水。
3. 随机选 3 盆（实验组）放在阳光直射的窗台上，3 盆（对照组）放在室内阴凉通风处。
4. 每天观察植株和花的生长情况，并记录。

3. 研究记录表：

日期	生长情况		
	茎（茎的长度、粗细、颜色等）	叶（颜色、大小等）	花（各个结构的颜色、数量等）

注：根据实际观察天数继续增添表格行数。

我的发现

三、问题库

推荐一：花的生长与水分的多少有关吗？

推荐二：花的生长与土质有关吗？

推荐三：花的生长与种植方式（土培、水培、基质培）有关吗？

你的新问题：

探索含羞草

你养过含羞草吗？听说只要用手触碰到它的叶片，它就会把叶子缩起来，过一会儿又会展开。这个过程可好玩了，我们一起研究研究吧！

一、所需材料

含羞草，等量的热水、冰水、常温水各一杯，滴管（图略）。

二、研究过程

1. 研究的问题：含羞草叶片能感知温度吗？

2. 研究步骤：

1. 分别用滴管将等量热水、冰水、常温水滴到含羞草的叶片上，同时观察含羞草叶片的反应并记录反应的时间。
2. 待叶片复苏后，再次进行上面的步骤，同时观察含羞草叶片的反应并记录反应的时间。
3. 重复上面的实验。

3. 研究记录表：

温度	次数	含羞草叶片的反应	收缩的时间	复苏的时间
冰水	第一次			
	第二次			
	第三次			
常温水	第一次			
	第二次			
	第三次			
热水	第一次			
	第二次			
	第三次			

我的发现

三、问题库

推荐一：触碰次数会影响含羞草叶片的反应能力吗？

推荐二：嫩的叶片与老的叶片，反应能力一样吗？

推荐三：大小不同的叶片，反应能力一样吗？

你的新问题：

绿豆苗走迷宫

你喜欢走迷宫吗？听说绿豆苗也喜欢哦！赶紧试一试吧！

一、所需材料

发了芽的绿豆若干株，有盖子的鞋盒，小花盆，厚纸板，双面胶，剪刀。

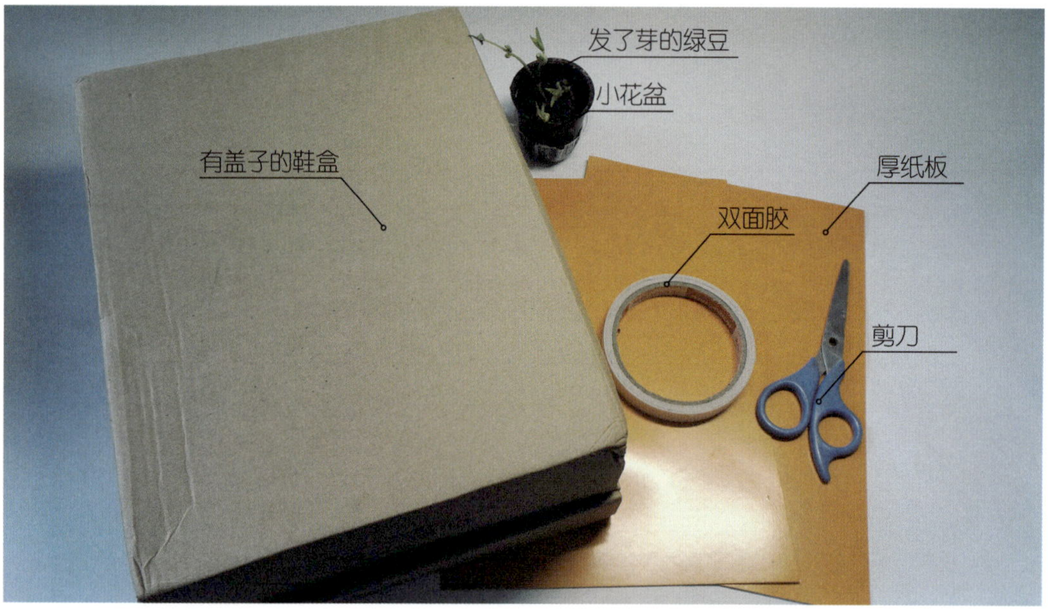

二、研究过程

1. 研究的问题：绿豆苗真的会走迷宫吗？

2. 研究步骤：

将绿豆苗种在小花盆里。

在鞋盒侧壁上剪开一个边长约3厘米的正方形小孔。

用厚纸板在鞋盒里拼出一个"迷宫"。

将小花盆放进鞋盒里，远离侧壁上的小孔。

盖好盖子，然后将鞋盒放在有阳光照射的地方。

6 打开盒盖，观察绿豆苗并记录，观察后赶紧盖上盖子，放回原处。

3. 研究记录表：

时　间	观察到的现象
第　　天	
第　　天	
第　　天	
第　　天	
第　　天	

我的发现

三、问题库

推荐一：其他植物也会像绿豆苗一样走迷宫吗？

推荐二：不同的植物走迷宫的速度一样吗？

推荐三：如果把鞋盒放在阴暗的地方，会有什么现象？

你的新问题：

水培植物的研究

平时我们看到的植物都是栽种在土壤中的，这些植物可以种在液体中吗？我们来试试用水培养植物吧！

一、所需材料

水培营养液、自来水、矿泉水、塘河水、烧杯、绿萝、玻璃杯、标签纸。

二、研究过程

1. 研究的问题：不同溶液，对同一植物的水培效果一样吗？

2. 研究步骤：

1 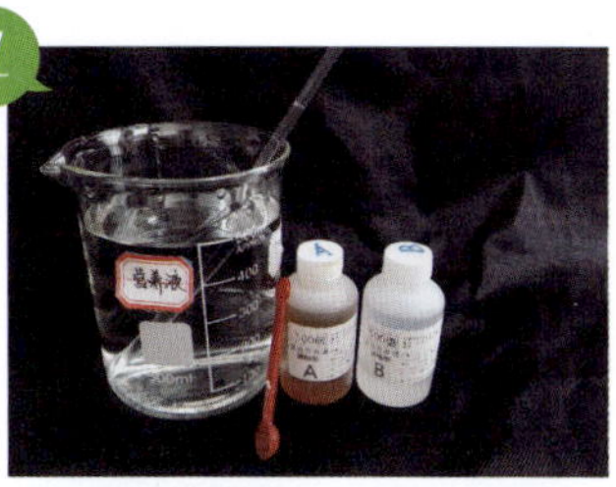

利用清水和A、B两配方调制一杯水培营养液。

2 

分别在4个烧杯中倒入等量的营养液、自来水、矿泉水、塘河水。

3 

分别往4个烧杯中各植入1株尽量相同大小的绿萝。

4 静置观察，记录生长效果，分析获得结论。

3. 研究记录表：

水培溶液	根			茎			叶		
	第一周	第二周	第三周	第一周	第二周	第三周	第一周	第二周	第三周
营养液									
自来水									
矿泉水									
塘河水									

我的发现

三、问题库

推荐一：同一种水培营养液对不同植物的生长影响一样吗？

推荐二：水培营养液的配比浓度会影响植物的生长速度吗？

你的新问题：

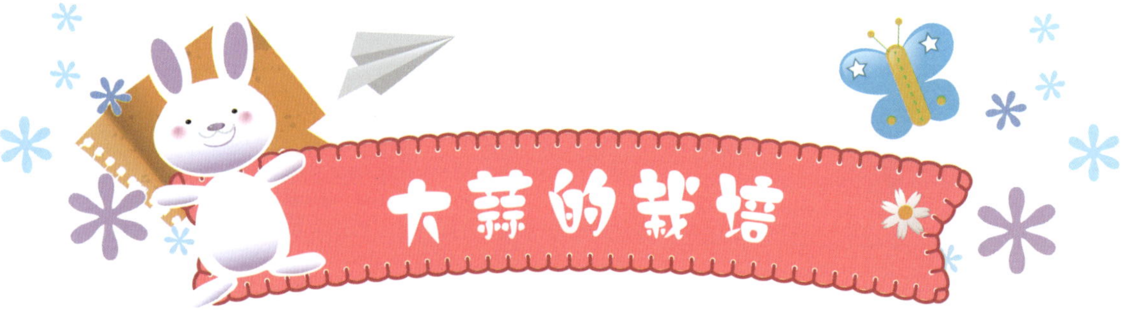

大蒜的栽培

家里的大蒜头很容易发芽，它是不是也很容易种植呢？如果我们自己动手种植，那妈妈就不用去菜市场买大蒜了。

一、所需材料

大蒜头1个、沙土、壤土、花盆2个、小铁锹。

二、研究过程

1. 研究的问题：不同土壤对大蒜的生长有没有影响？

2. 研究步骤：

1

把沙土和壤土分别装进两个花盆。

2

把大蒜头掰开，分成一颗颗蒜瓣。

3

在每个花盆中各种植3颗蒜瓣。

4 定期给它们浇水，观察并记录它们的生长情况。

3. 研究记录表：

时　间	观察到的现象	
	沙土中的大蒜	壤土中的大蒜
第　天		
第　天		
第　天		
第　天		

我的发现

三、问题库

推荐一：阳光对大蒜的生长有影响吗？

推荐二：浇灌不同的液体对大蒜的生长有影响吗？

推荐三：大蒜能水培吗？

你的新问题：

小鱼走迷宫

你给小鱼喂过鱼食吗？你有没有发现鱼食一抛下去，小鱼就会浮上来呢？可见，小鱼真是聪明。那小鱼到底有多聪明呢？我们可以让它们走迷宫测试一下。

一、所需材料

鱼缸、隔板、小鱼5条、鱼食。

鱼缸

隔板

小鱼

鱼食

二、研究过程

（一）初步研究

1. 研究的问题：小鱼对吃鱼食有记忆吗？

2. 研究步骤：

1. 购买同一种类且大小相当的小鱼，将它们养在同一个鱼缸里。
2. 每天在固定的时间用特定的一种鱼食喂养，并都投放在固定的位置。
3. 观察并记录小鱼游过来吃鱼食的时间（从投放鱼食开始到小鱼吃到鱼食的时间）。
4. 比较小鱼吃到鱼食的时间是否有变化。

3. 研究记录表：

时间	条数　对食物的反应速度	1 分钟之内	1 分钟到 5 分钟	大于 5 分钟
第　天				
第　天				
第　天				
第　天				
第　天				
第　天				
第　天				

（二）小鱼走迷宫

1. 研究的问题：小鱼能穿越迷宫吃到鱼食吗？

2. 研究方法：

1 在鱼缸里放进一个红色带孔隔板，隔开小鱼和鱼食。

2 

每天在固定的时间用特定的一种鱼食喂养，并都投放在隔板的另一端。

3 观察并记录小鱼游过来吃鱼食的时间（从投放鱼食开始到小鱼吃到鱼食的时间）。

4 比较小鱼吃到鱼食的时间是否有变化。

3. 研究记录表：

参照上面的表格

我的发现

三、问题库

推荐一：增加隔板的个数会影响小鱼走迷宫吗？

推荐二：不同品种的鱼走迷宫的能力一样吗？

推荐三：隔板的颜色会影响小鱼走迷宫吗？

你的新问题：

叶脉标本的制作

秋天到了，地上有各种各样漂亮的落叶，这些落叶大多都会腐烂，变成植物的肥料。当然，我们也可把这些落叶改变模样，让它们长期保存下来。

一、所需材料

桂花树叶、牙刷、酒精灯、烧杯、三脚架、石棉网、火柴、镊子、肥皂或食盐（或氢氧化钠）、3% 的双氧水、清水（图略）、彩色墨水、塑料板、 水槽（图略）、宽透明胶带、剪刀等。

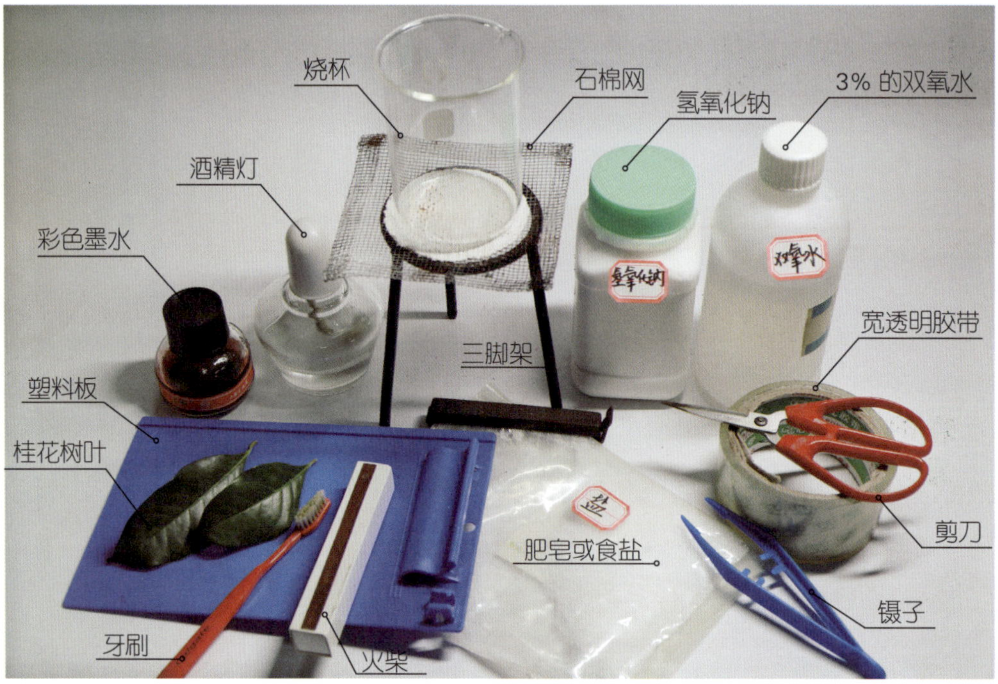

二、研究过程

（一）制作叶脉标本

1

在烧杯中加入100毫升清水，并加入约4克氢氧化钠（或肥皂、食盐）。

2

把烧杯放在石棉网上，用酒精灯加热，煮沸溶液。

3

把桂花树叶浸没在溶液中，加热15分钟左右，用镊子轻轻搅动，使叶肉分离，腐蚀均匀。

4

用镊子取出叶片并放进水槽内用清水清洗，后平放在塑料板上，用牙刷轻刷去叶肉。

5

将叶脉片浸入3%的双氧水中24小时，使之变成纯白色。

6

用旧书或旧报纸压干后，给它染色，再平压。

这样，一张张漂亮的叶脉标本就做好了。

（二）研究用不同叶子制作叶脉标本

1. 研究的问题：所有的叶子都可以制作叶脉标本吗？

2. 研究步骤：

① 收集不同植物叶片各3片。

② 把它们依次放入同样配比的溶液中。

③ 分别烧煮15分钟后取出，放入水槽中用清水清洗。

④ 用牙刷从叶柄到叶尖，用同样的力量轻刷叶脉的正背两面，观察并用星星的数量表示叶肉的刷除效果。

⑤ 分析数据，得出结论。

3. 研究记录表：

效果	（　　）叶	（　　）叶	（　　）叶	（　　）叶
正面去叶肉效果				
反面去叶肉效果				
叶脉完整情况				

注：效果用星星数量的多少来表示，越多表示越好。

我的发现

三、问题库

推荐一：不同的添加物（肥皂、食盐、氢氧化钠），去叶肉的效果一样吗？

推荐二：加热时间的长短会影响去叶肉的效果吗？

推荐三：同样的植物叶片，哪个阶段的叶子最适合制作叶脉标本？

你的新问题：

纸飞机探秘

大家都折过纸飞机吧？我们平时折的纸飞机都是尖尖的头，飞行的速度非常快。那么你见过飞得很慢但是能飞很远的纸飞机吗？让我们一起来折一架“滑翔机”，做个研究吧！

一、所需材料

A4 纸若干张

二、研究过程

（一）制作滑翔机

1

将 A4 纸对折再对折，在纸上留下折痕后展开。

2

将长的一边折一半下来。

将两边对准中心线折，向中间折。

再向下折一次。

将飞机翻过后折出机翼。

（二）研究纸飞机

1. 研究的问题：普通纸飞机和滑翔机相比，哪个飞得远？

2. 研究步骤：

① 分别折一架普通纸飞机和一架滑翔机。

② 在同一地点，尽量用同样大的力气和角度放飞纸飞机。

③ 重复多次，记录结果。

3. 研究记录表：

次数	滑翔机的飞行距离	普通纸飞机的飞行距离
第一次		
第二次		
第三次		

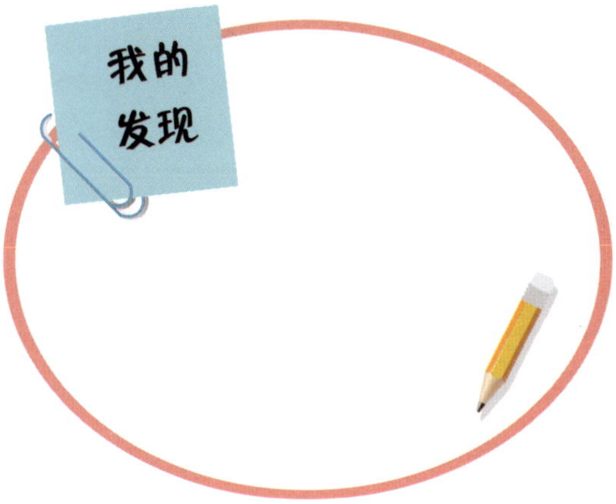

三、问题库

推荐一：用不同厚度的纸折纸飞机，哪种厚度的飞机飞得远？

推荐二：用不同大小的纸折纸飞机，哪种大小的飞机飞得远？

推荐三：除了滑翔机以外，还有很多不同折法的纸飞机，它们之中哪种飞得最远呢？

你的新问题：

乐器 DIY

你会演奏乐器吗？乐器都会发出美妙的、高低强弱不同的声音。我们可以找找家中的废弃物，自己动手来做个乐器吧！

一、所需材料

橡皮筋、回形针、鞋盒、美工刀、剪刀、油性记号笔（图略）、分贝仪（图略）。

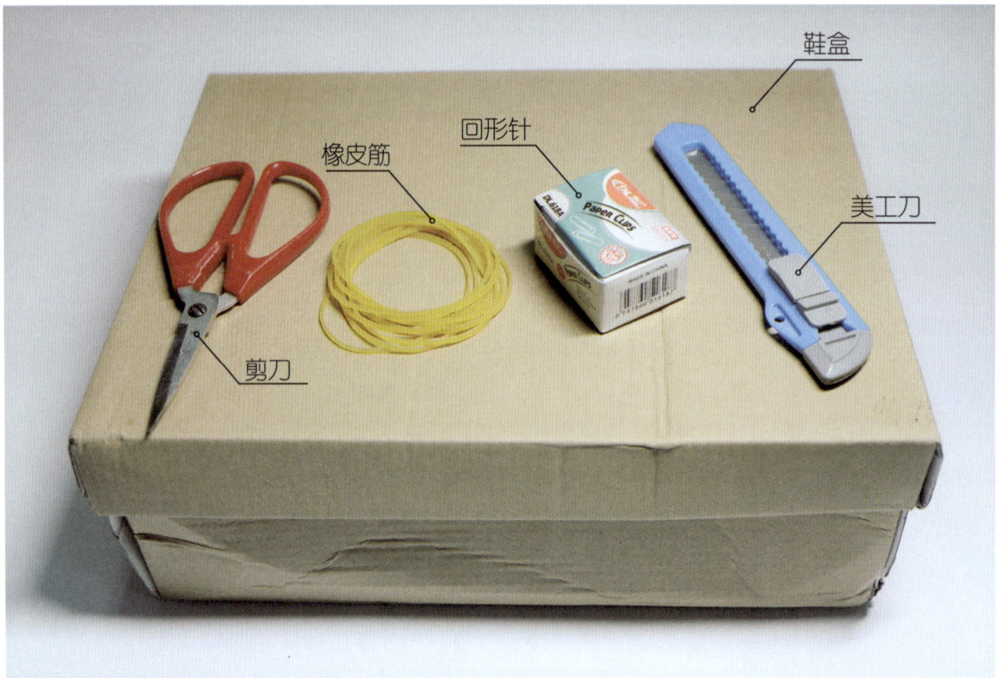

二、研究过程

（一）制作橡皮筋八弦琴

1

在鞋盒盖子上画出琴弦安装空间。

2

用美工刀或剪刀剪去鞋盒盖子的中间部分。

3

给“琴弦安装位”定点。

4

用剪刀尖给“琴弦安装位”定点钻孔。

5
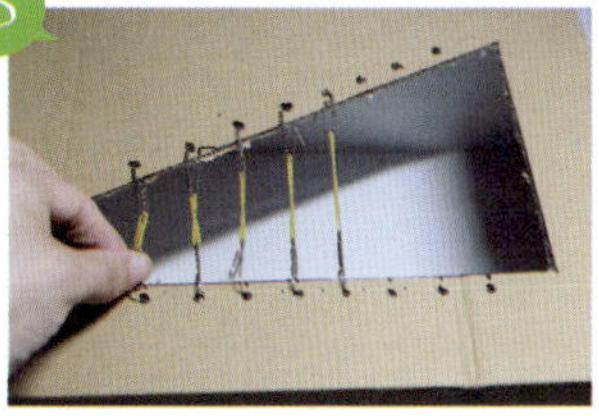
安装回形针，并调节橡皮筋松紧度，听听音准。

（二）研究橡皮筋八弦琴的发声

1. 研究的问题：橡皮筋八弦琴的音量会随着共鸣箱的大小发生改变吗？

2. 研究步骤：

① 准备 3 个大小不同的鞋盒（至少能让 8 根琴弦处于盒子中），去掉盖子。

② 依次把做好的橡皮筋八弦琴的盖子部分与大小不同的三个鞋盒底部连接，并用同样的力度拨动橡皮筋，用分贝仪测量音量，记录数据。

③ 比较数据与信息，归纳获得结论。

3. 研究记录表：

音箱	第一次	第二次	第三次
大音箱	分贝	分贝	分贝
中等音箱	分贝	分贝	分贝
小音箱	分贝	分贝	分贝

我的发现

三、问题库

推荐一：不同材质的“音箱”（纸质、木质、塑料、金属等）对产生的声音有影响吗？

推荐二：同种材料不同形状的“音箱”对音量或音色会造成影响吗？

你的新问题：

不会掉的“摆摆乐”

你们见过高空走钢丝表演吗？表演者在空中摇摇晃晃的样子真是令人担心。今天，我们就找找身边的材料，做一个“摆摆乐”，来揭开高空走钢丝的奥秘吧！

一、所需材料

小木棒若干根（分为长木棒和短木棒），透明胶带，橡皮筋若干，美工刀、油性记号笔、橡皮泥。

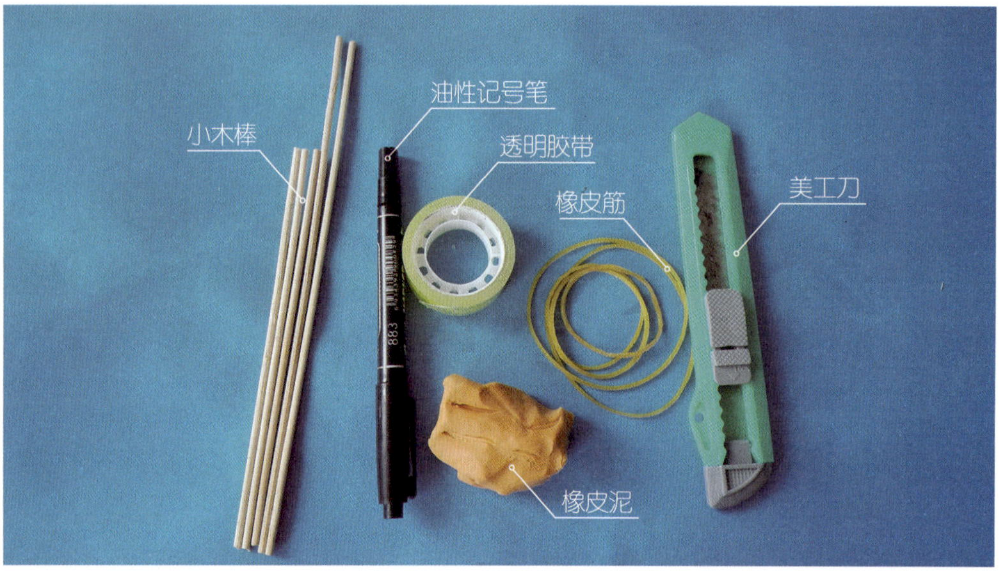

二、研究过程

（一）制作“摆摆乐”

1

把1根长木棒按3:2的比例折断，用橡皮筋固定成一个“十”字形。

2

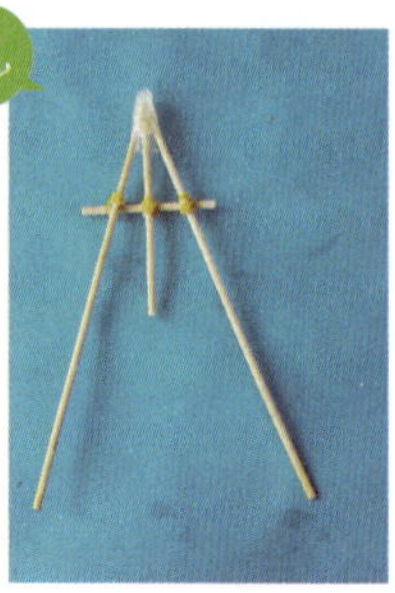

将2根长木棒与“十”字组合在一起，在顶端用透明胶带固定。

3

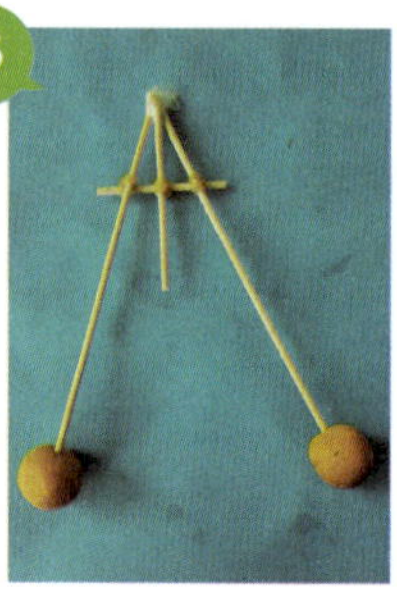

用橡皮泥揉成两个大小基本相同的球体，粘在2根长木棒的底端。

4 将“摆摆乐”放在指尖，摆动它。

（二）研究“摆摆乐”

1. 研究的问题：橡皮泥的位置对“摆摆乐”的稳定性有影响吗？

2. 研究步骤：

1 制作一个“摆摆乐”。

2 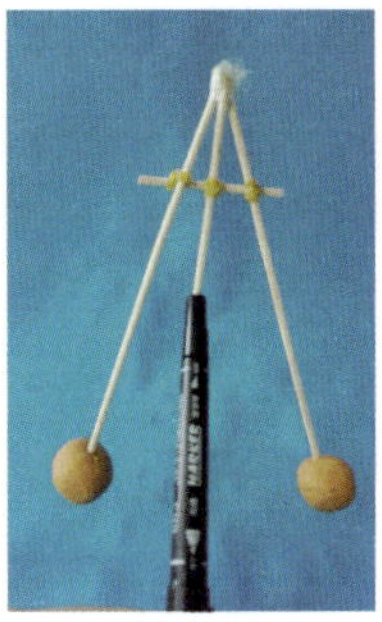

将橡皮泥放在底端，将它放在笔尖上，观察它的稳定状态。

3 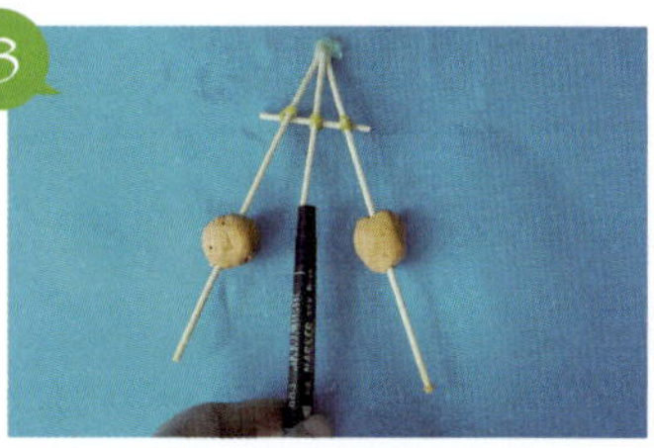

调节橡皮泥的位置，移至支架的中间，观察它的稳定状态。

4 做好记录，进行比较，寻找规律。

3. 研究记录表：

橡皮泥位置	观察到的现象	综合评价（稳定性）
橡皮泥在底端		
橡皮泥在中间		

我的发现

三、问题库

推荐一：橡皮泥的重量会影响“摆摆乐”的稳定性吗？

推荐二：支架的长度会影响“摆摆乐”的稳定性吗？

推荐三：支架岔开的角度会影响“摆摆乐”的稳定性吗？

你的新问题：

有趣的不倒翁

你玩过不倒翁吗？我们可以找找身边的材料，自己动手做一个不倒翁，看看它怎样才会摆动得更稳定一些。

一、所需材料

乒乓球、剪刀、橡皮泥、小竹棒、卡纸、双面胶。

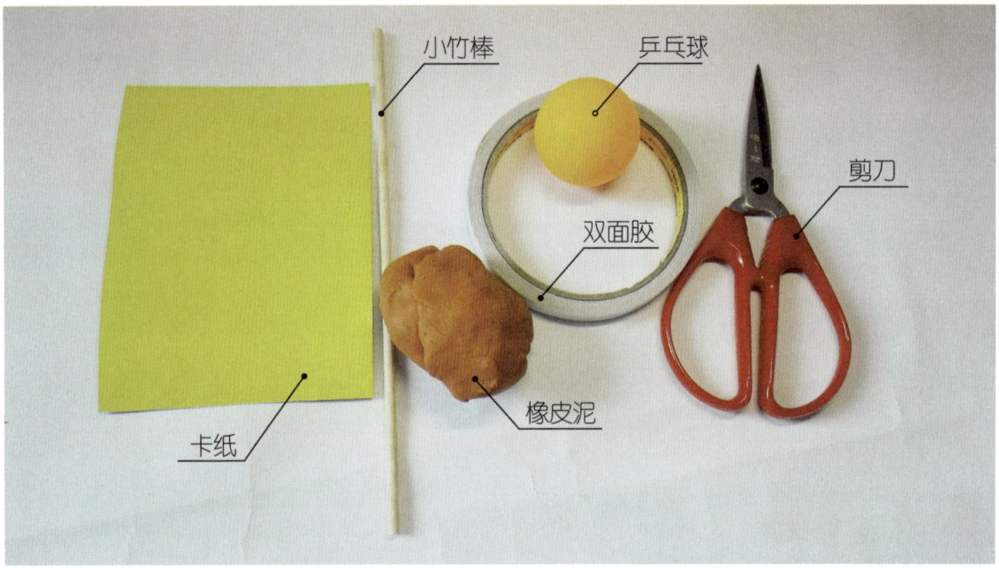

二、研究过程

（一）制作不倒翁

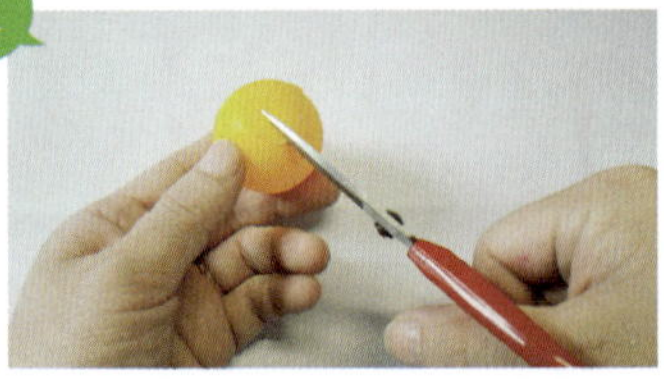

1 用剪刀把乒乓球从中间剪成两个半球型。

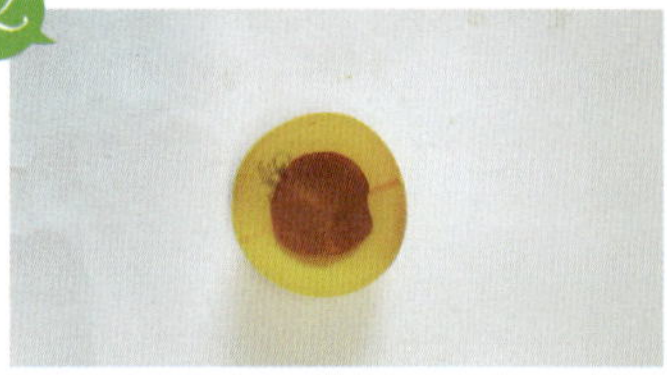

2 在乒乓球的底部中间粘上一些橡皮泥。

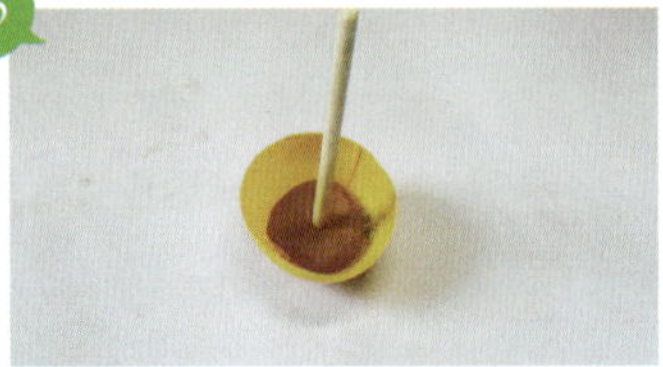

3 在橡皮泥上插一根小竹棒。

4 在卡纸上画一个图像，剪下后粘贴在竹棒的上端。

（二）研究不倒翁

1. 研究的问题：橡皮泥的多少会影响不倒翁摆动的稳定性吗？

2. 研究步骤：

1. 用相同的材料做两个相同的不倒翁。
2. 一个不倒翁的乒乓球底部中间粘上较多的橡皮泥，另一个粘上较少的橡皮泥。
3. 用相同的力度使两个不倒翁摆动起来，仔细观察两个不倒翁的摆动情况，并记录下来。
4. 比较摆动的情况，看看有什么发现。

3. 研究记录表：

次数	较多的橡皮泥	较少的橡皮泥
第一次		
第二次		
第三次		

注：摆动越稳定，就画上越少的☆。

我的发现

三、问题库

推荐一：橡皮泥粘贴的位置会影响不倒翁摆动的稳定性吗？

推荐二：竹棒的长度会影响不倒翁摆动的稳定性吗？

推荐三：竹棒上粘贴物的重量会影响不倒翁摆动的稳定性吗？

你的新问题：

潜望镜的秘密

大家都知道潜望镜吧？找找身边的材料，自己动手做一个潜望镜，一起来研究它的秘密吧！

一、所需材料

大小相同的镜子2面、牙膏盒2个、剪刀、透明胶带、双面胶、直尺（图略）。

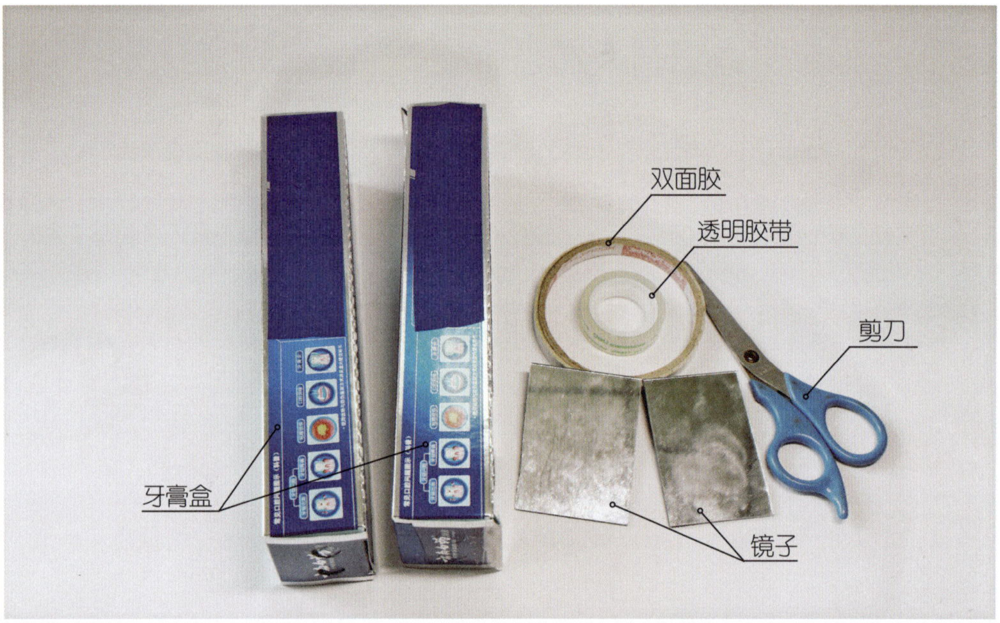

二、研究过程

（一）制作潜望镜

1

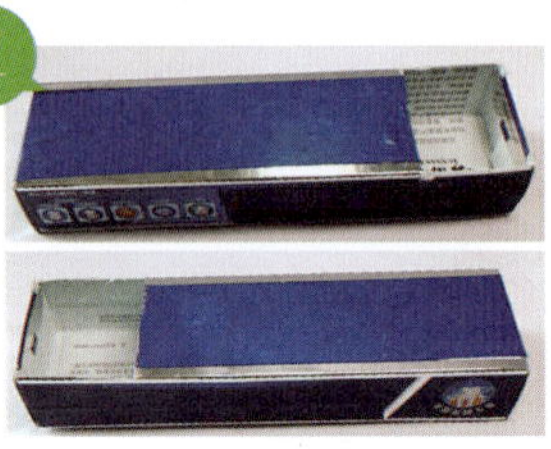

在一个牙膏盒的两个顶端相反处各剪出一个长方形的口。

2

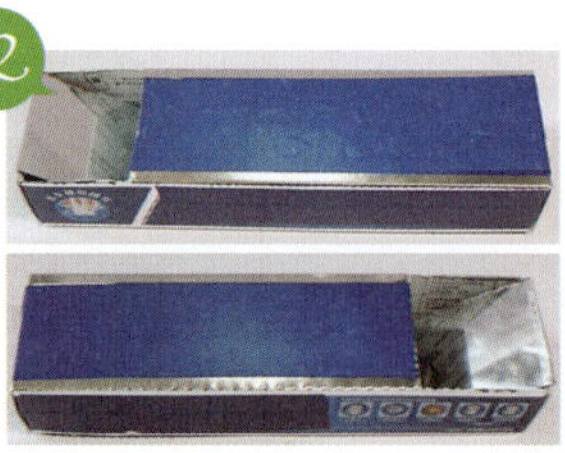

装入镜子，镜子与盒壁成45度夹角。（镜子后面垫个45度的直角三角形会更稳）

3

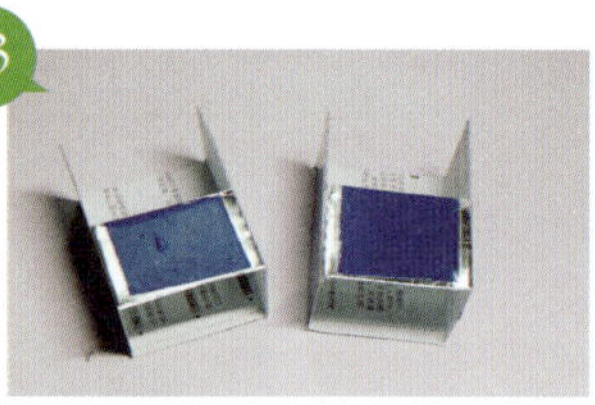

将另一个牙膏盒剪成两个柱状。

4

将两个牙膏盒拼插在一起。

（二）研究潜望镜

1. 研究的问题：两面镜子间的距离会影响潜望镜的清晰度吗？

2. 研究步骤：

1

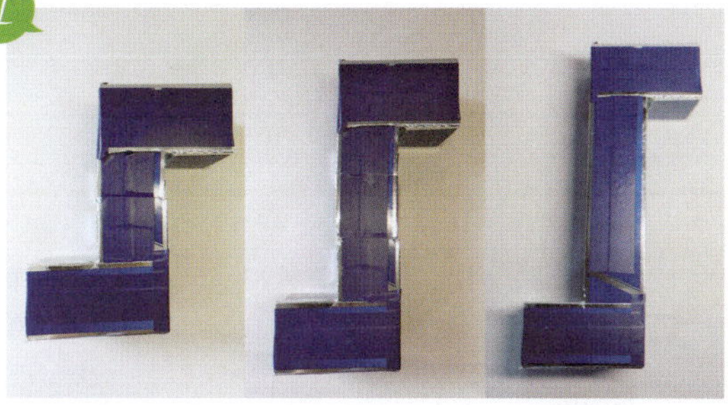

用 3 个相同的牙膏盒按上面的方法做成镜子之间的距离分别为 5 厘米、10 厘米、15 厘米，镜子与盒壁夹角都为 45 度的 3 个不同的潜望镜。

2 反复仔细对比 3 个潜望镜的清晰度（在相同的位置观察同一个物体）。

3 记录观察到的现象，看看有什么发现。

3. 研究记录表：

镜子间的距离与潜望镜清晰度的关系记录表

镜子间的距离	观察到的现象
5 厘米	
10 厘米	
15 厘米	

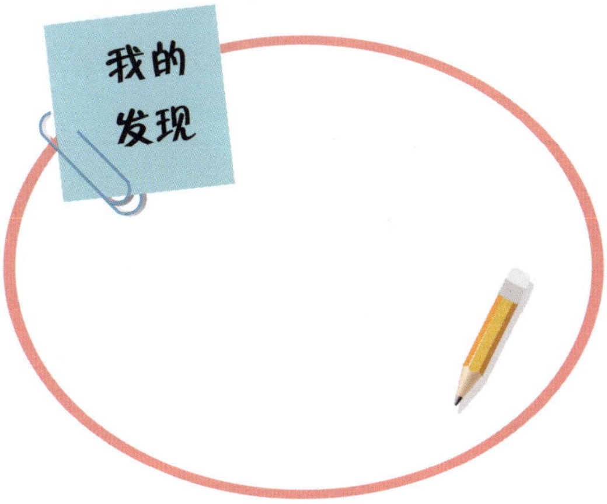

三、问题库

推荐一：镜子与盒壁的角度会影响潜望镜的清晰度吗？哪个角度的效果最好呢？

推荐二：镜子的形状会影响潜望镜的清晰度吗？

推荐三：3 面镜子、4 面镜子、5 面镜子……能做成潜望镜吗？

你的新问题：

种子降落伞

你知道吗？有些通过风力散播的种子会自带神奇的降落伞，这些降落伞能像直升机一样在空中盘旋，带着种子随风飘荡，并保护种子安全降落。我们能不能也做一个这样的降落伞呢？

一、所需材料

A4 纸若干张、直尺、铅笔、剪刀、米尺（图略）。

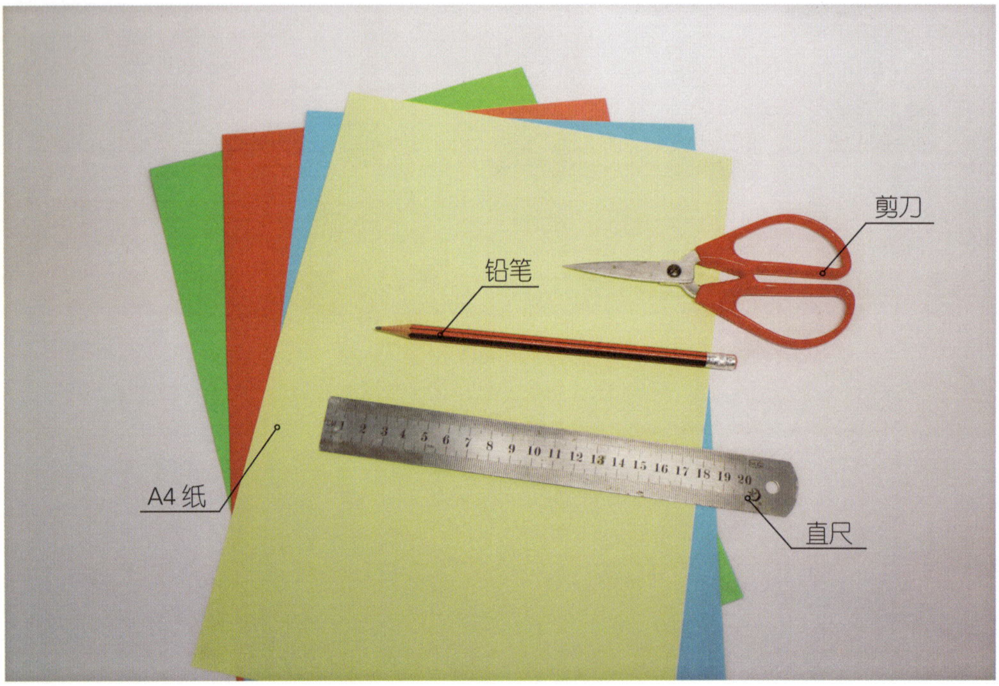

二、研究过程

（一）制作“种子降落伞”

1

将 A4 纸对折，在其中一面画出 3 条间距分别为 1.8 厘米的直线。沿着直线，剪下这三张长和宽都一样的纸条。

2

用第二张纸条夹住第一张纸条，第三张纸条夹住第二张纸条。

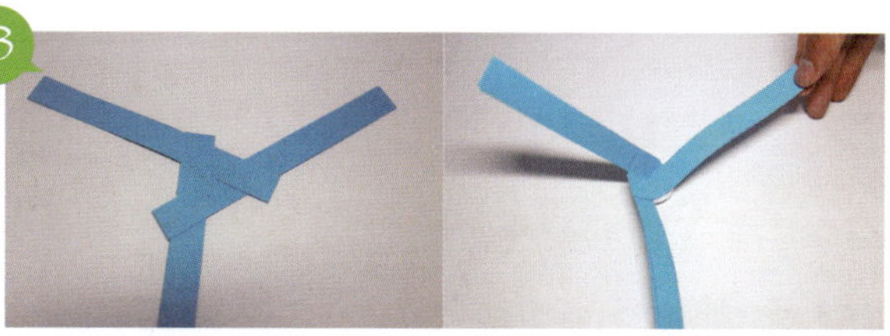

第三张的后端塞入第一张的前端，拉紧3张纸条。定型，使中间出现凹槽。

（二）研究"种子降落伞"

1. 研究的问题："种子降落伞"的伞翼长度会影响它降落的速度吗？

2. 研究步骤：

① 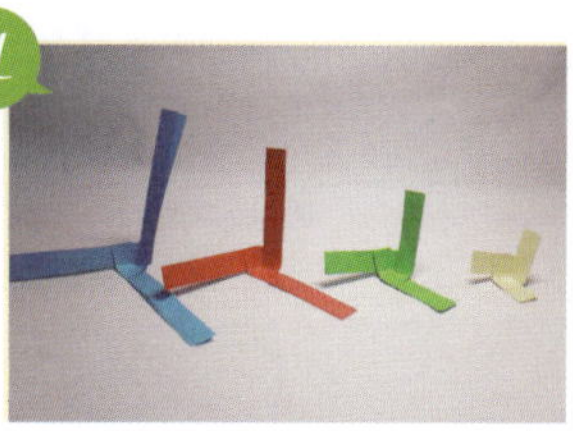

制作伞翼长度（即对折后纸条的长度）分别为6厘米、9厘米、12厘米、15厘米的"种子降落伞"。

② 将2把木制米尺并排搭在一起，把四个"种子降落伞"依次放在米尺上。

③ 

如图，两人分别拿住米尺一端，将其平行举到离地面最高的位置。

④ 两人同时打开两把米尺，四个降落伞便在同一时间从同一高度下降，反复测试，记录结果。

3. 研究记录表：

降落伞下降速度与伞翼长度的关系

伞翼长度	6 厘米	9 厘米	12 厘米	15 厘米
降落速度				

注：降落速度用"最快""最慢""较快""较慢"来表示。

我的发现

三、问题库

推荐一：降落伞下降的速度与伞翼（纸条）的宽度有关吗？

推荐二：降落伞下降的速度与伞翼（纸条）的厚度有关吗？

推荐三：降落伞下降的速度与尾翼的形状有关吗？

你的新问题：

玩转动力小车

开动各种各样的车子都需要一定动力，你知道有哪些车子的动力来源呢？给你一些气球，你能用它们开动小车吗？

一、所需材料

矿泉水瓶、小轮子、吸管、竹棒、气球、油性记号笔（图略）。

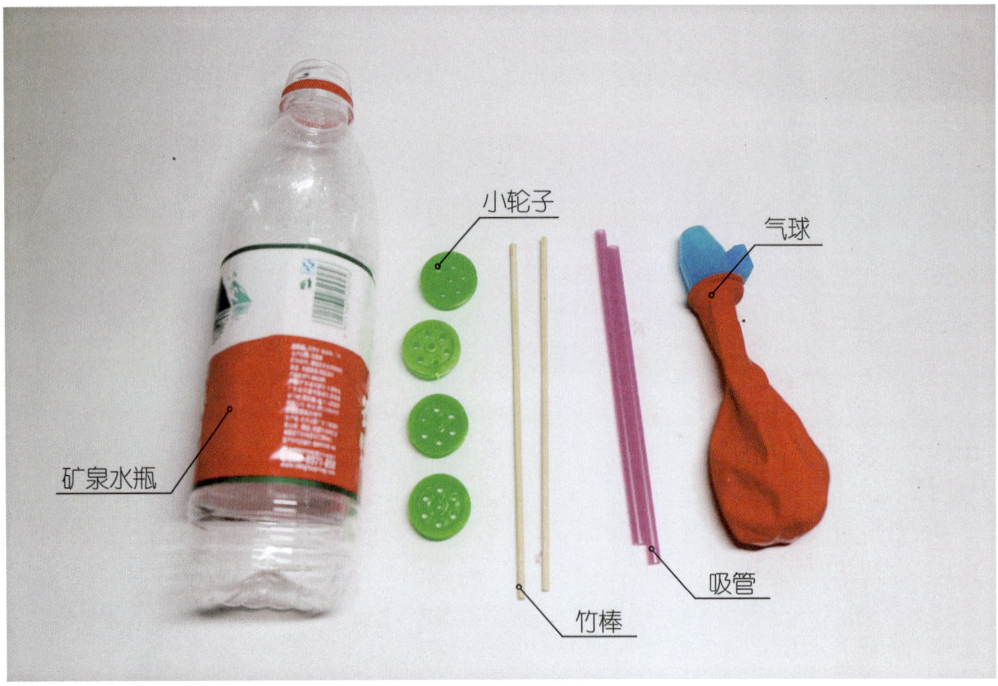

二、研究过程

（一）制作一辆动力小车

1

在车身（矿泉水瓶）上确定车轴间距，并钻好车轴孔。

2
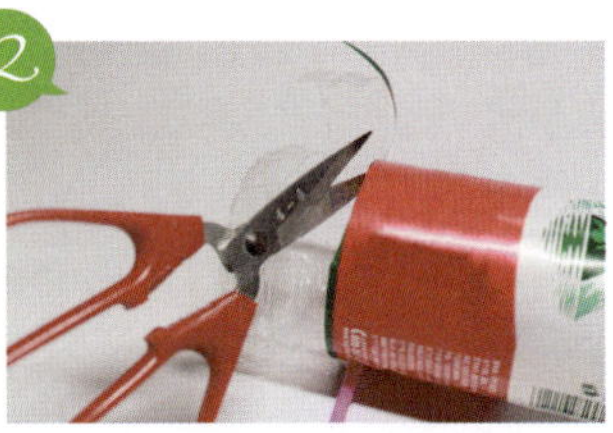
在矿泉水瓶底剪一个透气口。

3
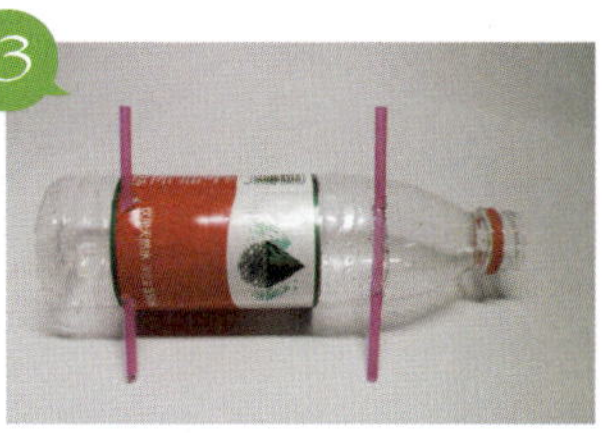
安装车轴固定管。

4

安装好四个车轮。

5
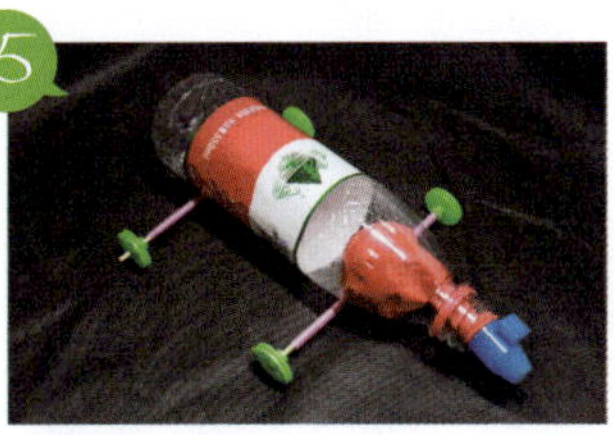
安装气球动力装置。

6
吹足气，让小车启动。

（二）研究动力小车

1. 研究的问题：车轮间距不同会影响小车的行驶距离吗？

2. 研究步骤：

① 缩短前车轴两轮的间距，测量车子行驶的距离。

② 缩短后车轴两轮的间距，测量车子行驶的距离。

③ 前后两车轴轮子的间距均缩短，测量车子行驶的距离。

④ 反复测试，比较数据，分析规律。

3. 研究记录表：

	第一次（行驶距离）	第二次（行驶距离）	第三次（行驶距离）
缩短前车轴两轮的间距	厘米	厘米	厘米
缩短后车轴两轮的间距	厘米	厘米	厘米
前后两车轴轮子的间距均缩短	厘米	厘米	厘米

我的发现

三、问题库

推荐一：大小不同的气球，行驶距离一样吗？

推荐二：轮子大小不一样，行驶距离一样吗？

你的新问题：

放飞“竹蜻蜓”

你们一定玩过纸飞机吧，除了纸飞机外，还有很多好玩的简易飞行器。今天，我们就一起来制作“竹蜻蜓”吧！

一、所需材料

塑料片、小木棒（或小竹棒）、热熔胶、剪刀、打火机、油性记号笔（图略）、秒表（图略）。

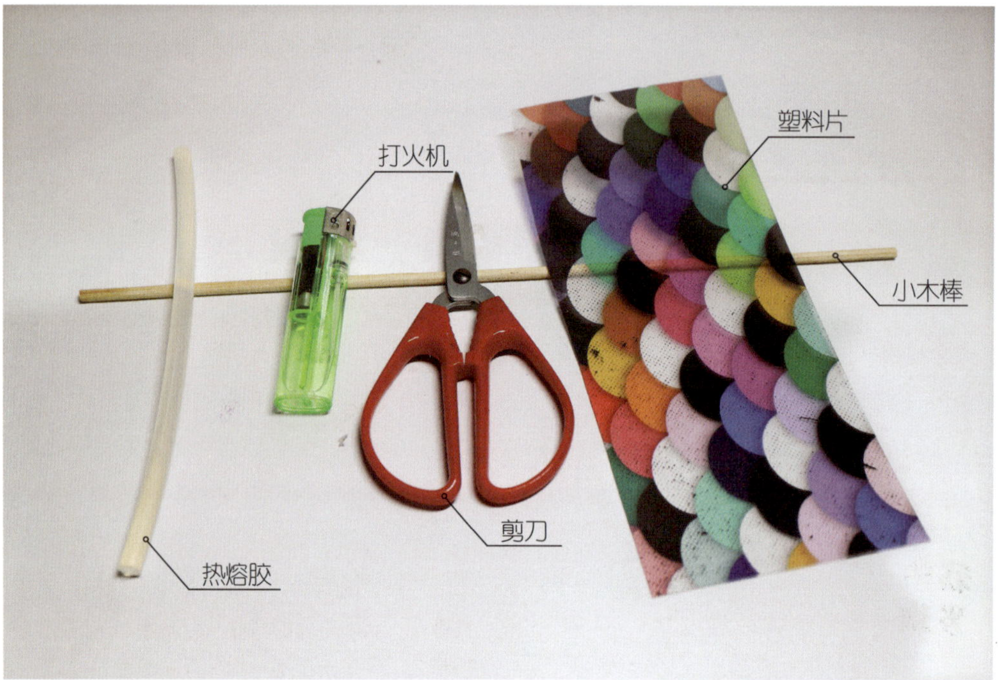

二、研究过程

（一）制作“竹蜻蜓”

1

在塑料片上画出“竹蜻蜓”的翅膀形状，用剪刀剪下。

2
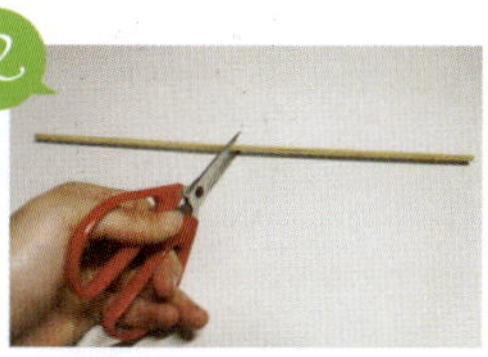
截取一段小木棒，把两端磨平。

3

用热熔胶把“翅膀”固定在小木棒一端。

4
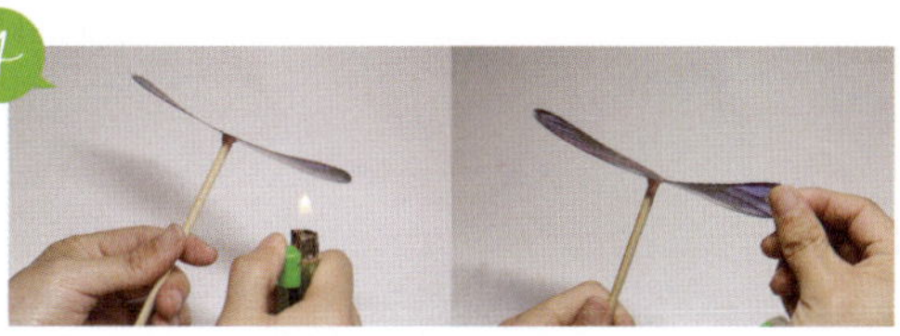
用打火机给“翅膀”两端加热，手捏“翅膀”两端，让它向同侧转 10 度角，冷却后定型。

5

试飞并调整“翅膀”侧转角度。

（二）研究“竹蜻蜓”

1. 研究的问题：“竹蜻蜓”的滞空时间和它的“翅膀”长短有关系吗？

2. 研究步骤：

1 制作“翅膀”从长到短的“竹蜻蜓”3 只，分别标为 1 号、2 号、3 号。

2 分别检测记录 3 只“竹蜻蜓”的滞空时间。

3 分析数据，获得结论。

3. 研究记录表：

“竹蜻蜓”	第一次	第二次	第三次
1 号	秒	秒	秒
2 号	秒	秒	秒
3 号	秒	秒	秒

我的发现

三、问题库

推荐一：“翅膀”的侧转角度会影响“竹蜻蜓”的滞空时间吗？

推荐二：“翅膀”硬度会影响“竹蜻蜓”的滞空时间吗？

你的新问题：

沉浮娃娃的研究

你们知道沉浮娃娃吗？它是如何制作的呢？它的沉浮又与什么因素有关呢？不妨动手做个沉浮娃娃研究研究吧！

一、所需材料

吸管、回形针、塑料瓶、烧杯、水、剪刀、直尺（图略）。

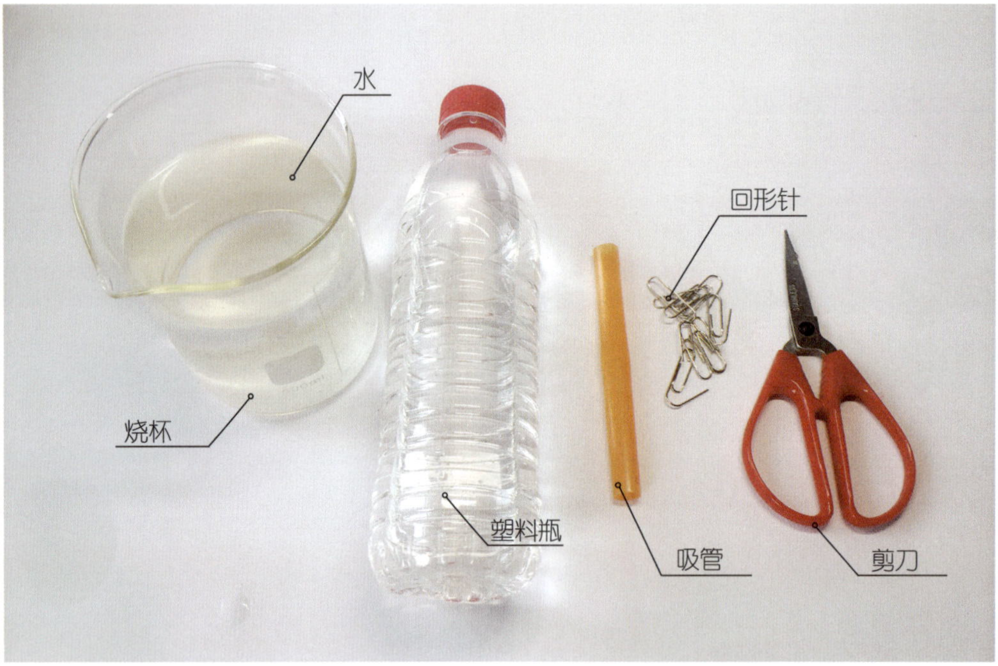

二、研究过程

（一）制作沉浮娃娃

1

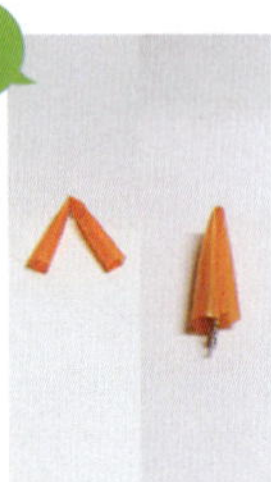

剪下一段5厘米左右的吸管，对折，将吸管的两个管口用回形针扣紧。

2

将做好的沉浮娃娃放入装有水的烧杯中测试，直到它能竖立于水中适合的位置。

将测试好的沉浮娃娃小心放入装有大半瓶水的塑料瓶中，盖紧瓶盖。

用力捏紧瓶子，观察沉浮娃娃的变化。

（二）研究沉浮娃娃

1. 研究的问题：吸管的长短与沉浮娃娃的沉浮有关吗？

2. 研究步骤：

① 取 3 根吸管，分别剪 4 厘米、8 厘米、12 厘米。

② 对折，将吸管的两个管口用回形针扣紧。

③ 将做好的沉浮娃娃放入装有水的烧杯中测试，直到它们能竖立于水中适合的位置。

④ 将 3 个沉浮娃娃分别放入塑料瓶中，用大小相同的力挤压塑料瓶，重复 3 次。

⑤ 观察沉浮娃娃的沉浮情况并记录。

3. 研究记录表：

吸管的长度	沉浮情况		
	第一次	第二次	第三次
4 厘米			
8 厘米			
12 厘米			

我的发现

三、问题库

推荐一：回形针的数量与沉浮娃娃的沉浮有关吗？

推荐二：水的多少对沉浮娃娃的沉浮有影响吗？

推荐三：水温不同是否会影响沉浮娃娃的沉浮情况？

你的新问题：

五彩斑斓的万花筒

光线遇到镜子或闪闪发光的物体，是怎样反射的呢？一起制作好看好玩的万花筒来研究一下吧！

一、所需材料

磨边的长方形平面镜（15 厘米 ×4 厘米）3 块、保鲜膜、透明塑料纸、卡纸，透明胶带、彩色小物件（图略）、铅笔、剪刀、直尺、热熔胶枪、水彩笔（图略）。

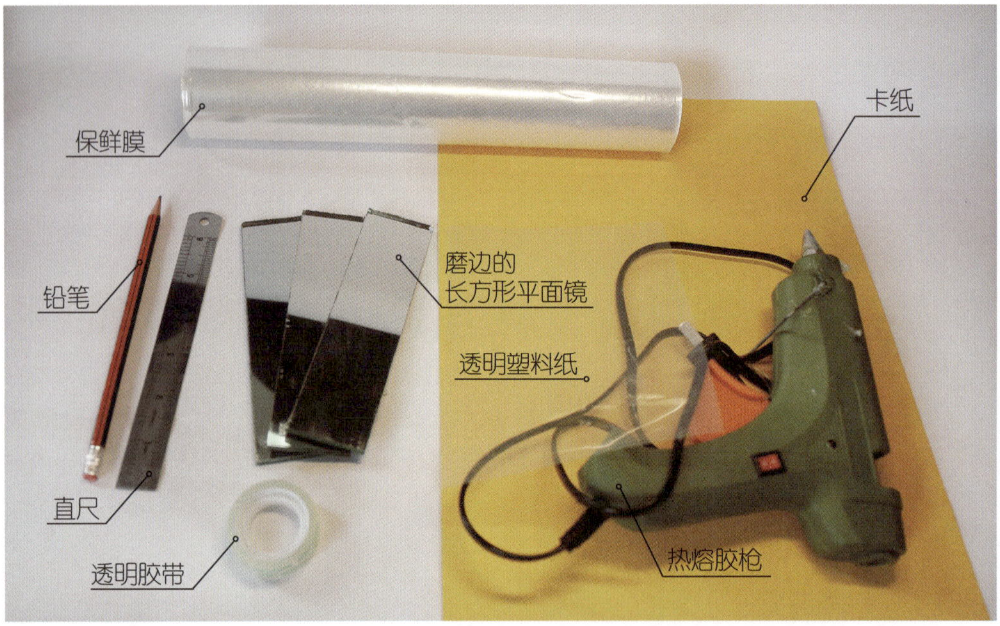

二、研究过程

（一）制作万花筒

1 将 3 片镜子镜面朝里，先用透明胶带缠裹外面，再用热熔胶固定。

2 

将粘好的镜子竖立在卡纸上，沿着边画出三角形，剪下并用铅笔在中间扎一个孔，用透明胶带把三角形卡纸粘在镜子的一端。

3 

准备适当大小的保鲜膜，将其塞进镜子的一端约 1 厘米深，尽量弄平整，周围用透明胶带固定。在保鲜膜上放置剪碎的彩色卡纸、彩色小纽扣等小物件；再剪下三角形的透明塑料纸，用透明胶带粘在镜子的另一端。

4 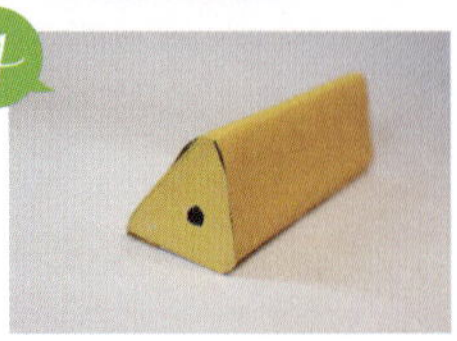

用卡纸将万花筒的侧面包裹起来。

5 将万花筒对着光源（白炽灯），用眼睛透过小孔向里看，边转边看。

（二）研究万花筒

1. 研究的问题：不同形状和光泽度的小物件在万花筒中会形成怎样的图像？

2. 研究步骤：

1. 用上述方法，做 3 个长度、材质相同的万花筒。
2. 1 号万花筒：透明塑料纸和保鲜膜之间，放入亮片、珊瑚片等光泽度较强的小物件。
3. 2 号万花筒：透明塑料纸和保鲜膜之间，放入玻璃粒、小球等比较立体的小物件。
4. 3 号万花筒：用水彩笔在透明塑料纸上画出大大小小的螺旋形图案。
5. 对着光源，透过筒孔，边转动边观察图像的变化，记录下图像的变化现象。

3. 研究记录表：

	1 号万花筒	2 号万花筒	3 号万花筒
图像变化的现象			

我的发现

三、问题库

推荐一：万花筒筒镜的长度会影响图像的效果吗？

推荐二：用锡箔纸代替镜子，万花筒的图像效果会是怎样？

推荐三：用 4 面镜子制作成万花筒，会看到什么图像呢？

你的新问题：

旋转的颜色盘

你们都做过手拉陀螺吗？如果在手拉陀螺的盘面上画上各种颜色，当陀螺旋转的时候，这些图案还会跟原来一样吗？

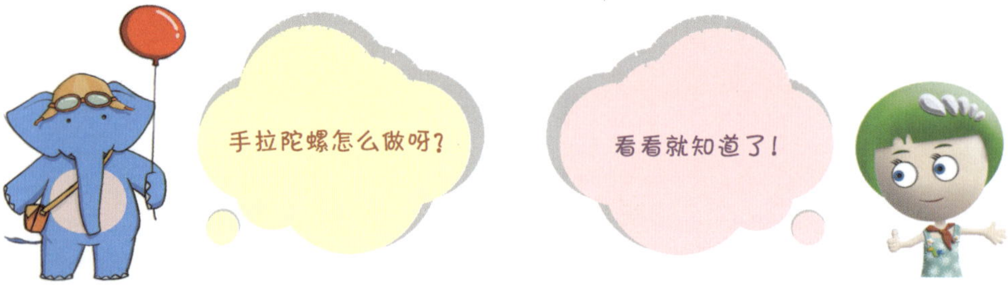

一、所需材料

废旧光盘、棉线、A4 纸、颜色笔、剪刀。

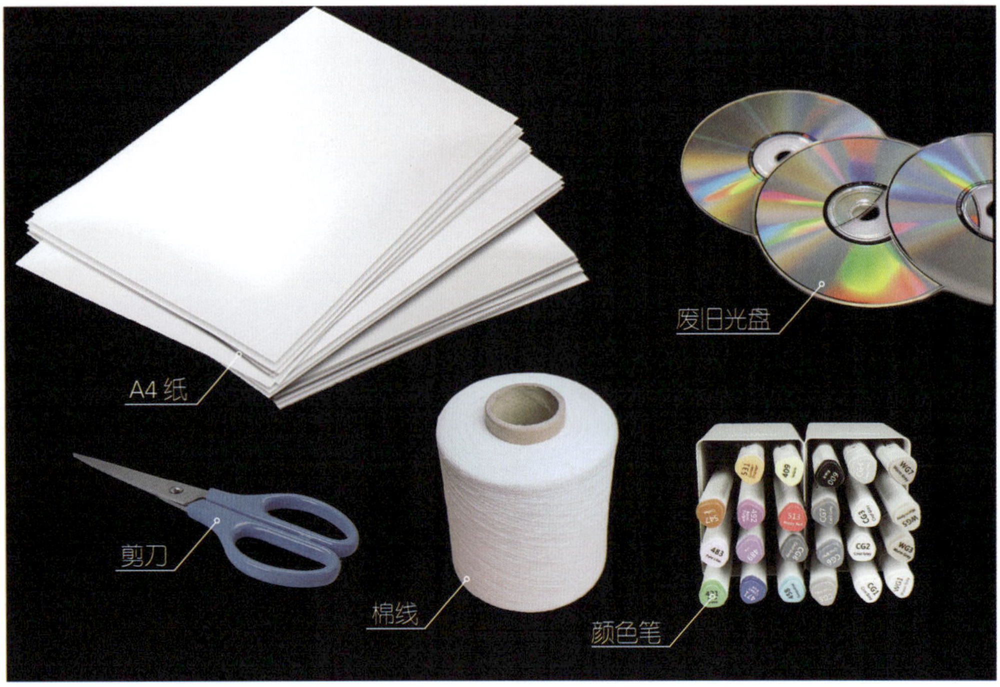

二、研究过程

（一）制作手拉陀螺

1 在废旧光盘中间打上两个孔。

2 

用一根棉线穿过光盘上的两个孔，呈U型，将两端打结。

3 

将另一根棉线沿相反方向穿过光盘上的两个孔，并将两端打结。

4 

将棉线两端套在手上，甩动光盘，使棉线交叉缠绕。

5 手用力朝两端拉动，使光盘旋转。

6 待光盘转动使棉线反向交叉缠绕时，手不再用力，并往中间微微靠拢，直至光盘慢慢停止转动。

7 反复操作第5、6步，使光盘快速转动。

（二）研究旋转颜色盘

1. 研究的问题：涂上不同颜色图案的盘面旋转时会有什么变化呢？

2. 研究方法：

1 剪取与光盘等大的白纸，贴在光盘表面。

2 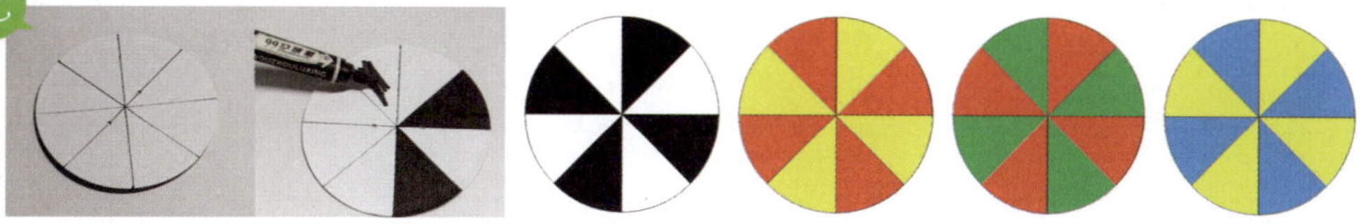

用扇形将白纸均匀分为8份，间隔涂上颜色。

3 拉动手拉陀螺，使盘面旋转，观察现象并记录。

3. 研究记录表：

	黑白相间	红蓝相间	黄绿相间
观察到的现象			
其他			

我的发现

三、问题库

推荐一：如果是3种颜色间隔，旋转起来会怎么样呢？

推荐二：旋转其他图案的光盘，还会有什么有趣的现象呢？

你的新问题：

环保小空调

炎炎夏日，吹吹空调降温可是最舒服的事。但是每天开着空调很耗电，又不环保，不如动手来制作一台不耗电的环保小空调吧！

一、所需材料

KT板、塑料瓶若干、剪刀、美工刀、温度计。

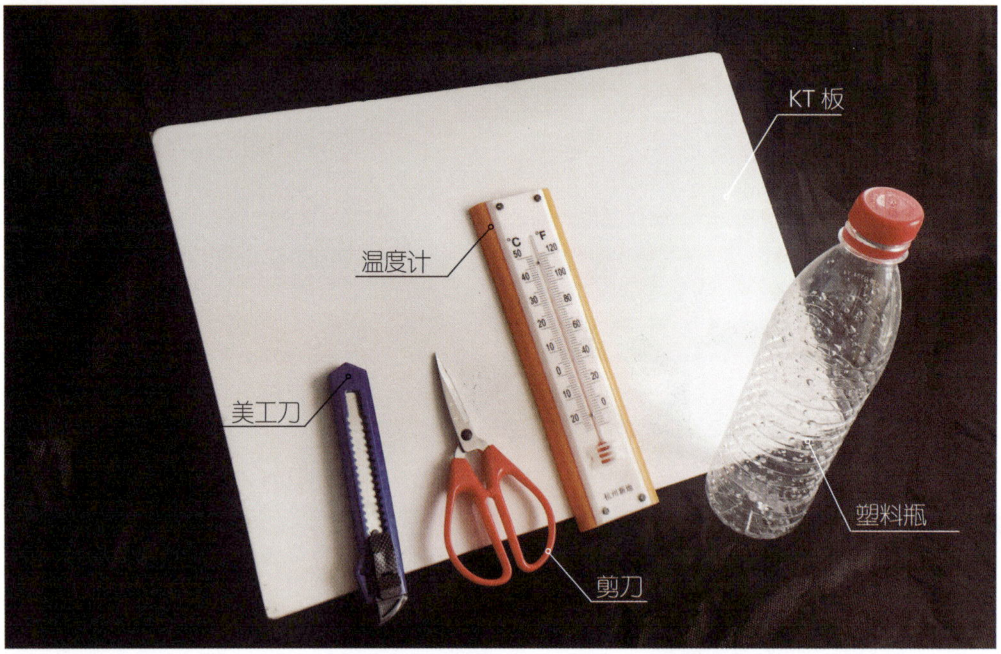

二、研究过程

（一）制作环保空调

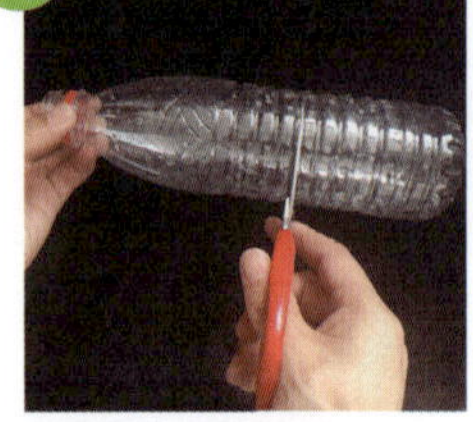

1. 将塑料瓶瓶盖取下，瓶身剪为两半。

2. 在KT板上切出大小等同瓶口、排列整齐的圆孔。

3. 将塑料瓶旋入圆孔中。

4. 将瓶口朝向室内，把KT板固定在窗户上。

（二）研究环保空调

1. 研究的问题：塑料瓶的大小会影响“环保空调”的降温效果吗？

2. 研究步骤：

1 用容量为550毫升的16个塑料瓶做成小号的环保空调。

2 再用容量为1升的16个塑料瓶做成大号的环保空调。

3 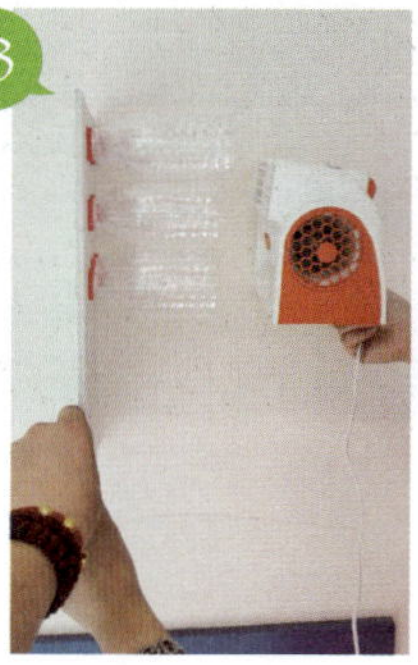

将它们分别摆放在两个环境相同的窗户上，用小风扇代替自然风对着窗户由外向内吹。

4 用温度计测量空气经过“环保空调”前后（窗户外、窗户内）的温度变化，将测得的结果记录下来。

5 重复测量3次，比较分析记录，寻找规律。

3. 研究记录表：

环保空调	第一次			第二次			第三次		
	窗户外	窗户内	温差	窗户外	窗户内	温差	窗户外	窗户内	温差
小号									
大号									

我的发现

三、问题库

推荐一：瓶身大小相同的情况下，瓶口的大小会影响降温的效果吗？

推荐二：瓶身的长短会影响降温的效果吗？

推荐三：是不是瓶子越多降温效果越好呢？

你的新问题：

迷你水滴放大镜

放大镜大家都很熟悉吧？那你用水滴做过放大镜吗？小小的水滴可大有奥秘哟！

一、所需材料

同样长的细铁丝2段、水、水杯、水笔芯、滴管、书或有字的纸。

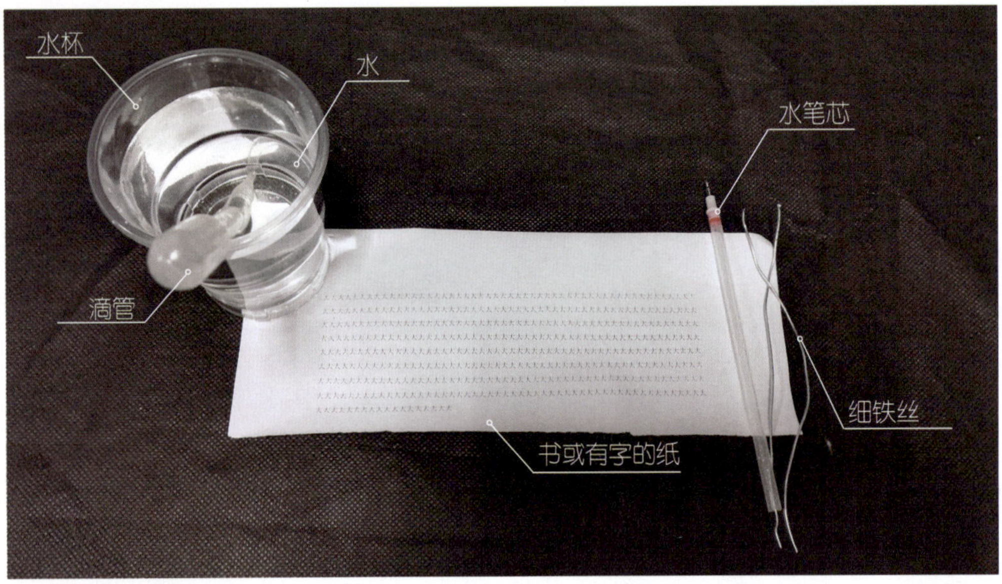

二、研究过程

（一）制作一个迷你水滴放大镜

1

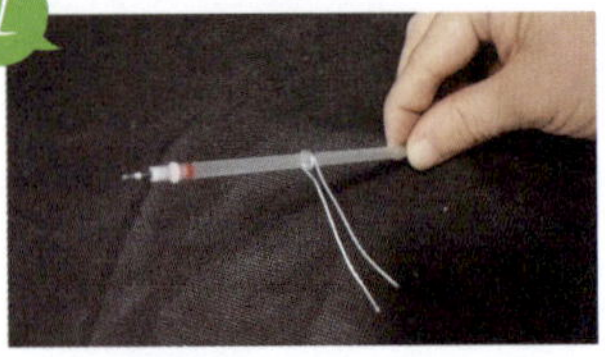

将一段细铁丝在水笔芯上绕两圈，取下。

2

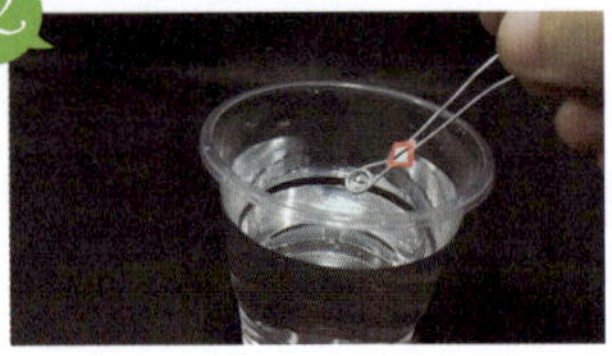

将铁丝圈伸进水杯里蘸一下。

3

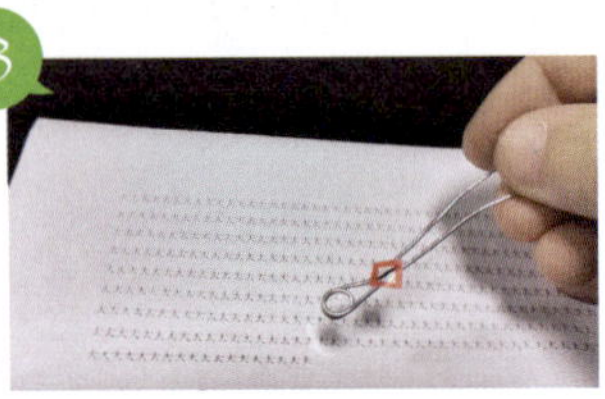

把有了水膜的铁丝圈放到文字上方上下移动，观察文字有什么变化。

（二）研究水滴放大镜

1. 研究的问题：不同的水滴放大镜放大效果一样吗？

2. 研究步骤：

1. 将两段细铁丝在水笔芯上分别绕两圈，取下，并做标号。

2. 将 1 号铁丝圈伸进水里蘸一下，把有了水膜的铁丝圈放到文字上方上下移动，观察文字有什么变化。

3. 将 2 号铁丝圈伸进水里蘸一下，再用滴管在铁丝圈的水滴中再滴 1 滴水，小心地放在文字上方上下移动，观察文字有什么变化。

4. 仔细观察并思考：哪一种才有放大的效果呢？ 两次铁丝圈中的水滴有什么不同？

3. 研究记录表：

自制水滴放大镜放大效果记录表

水滴放大镜	观察到的现象 （可以图文结合地记录文字大小的变化或水滴的不同）
1 号	
2 号	

我的发现

三、问题库

推荐一：两个水滴放大镜组合，能让文字放得更大吗？怎样组合呢？

推荐二：糖水、盐水和普通的水放大的效果一样吗？

推荐三：还有哪些方法也能做成放大镜呢？

你的新问题：

奇妙的蛙声筒

你听说过蛙声筒吗？蛙声筒是一个能发出青蛙叫声的装置。你感兴趣吗？让我们一起来做一个并研究一下吧！

一、所需材料

塑料杯、纸杯、棉线、牙签、筷子、美工刀、剪刀、砂纸、松香粉。

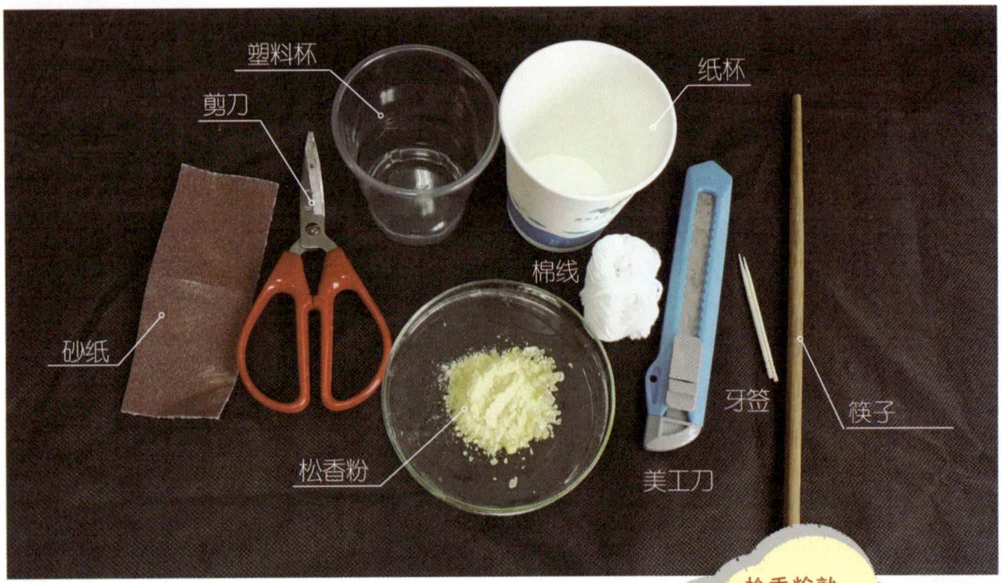

松香粉就是用松香磨成的粉，松香可以用来擦乐器的弦，一般乐器店都有卖。

二、研究过程

（一）制作蛙声筒

1 在纸杯底部用牙签扎个小洞，将约0.5米长的棉线从底部穿入杯内一小段，紧紧地绑在牙签上，拉紧，使牙签紧贴杯子底部。

2 用美工刀在筷子粗的一端大约2厘米处挖一个约1厘米宽的凹槽。

3 每个面都挖好后，用砂纸打磨，使凹槽变得光滑。

4

在每个凹槽面上都抹上适量的松香粉。

5

把连着杯子的棉线的另一端绑在凹槽中，但不要绑得太紧，要留有空隙，能使筷子灵活转动。

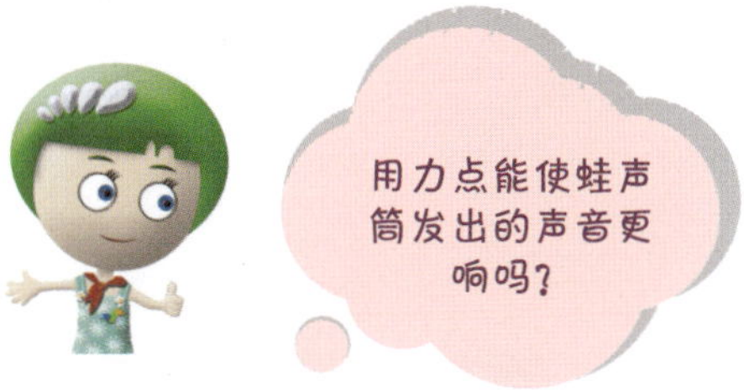

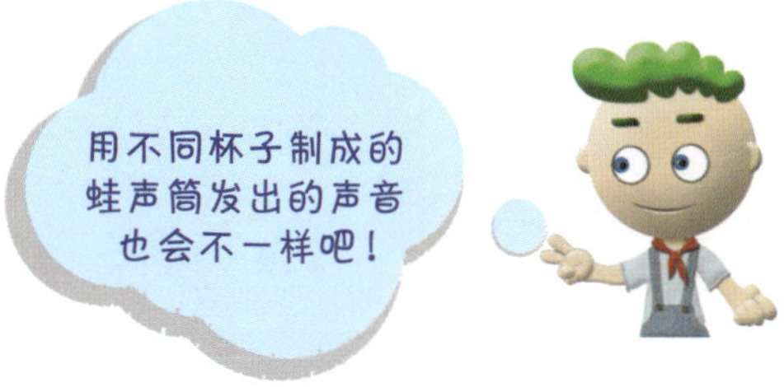

（二）研究蛙声筒

1. 研究的问题：不同杯子制成的蛙声筒发出的声音一样吗？

2. 研究方法：

1

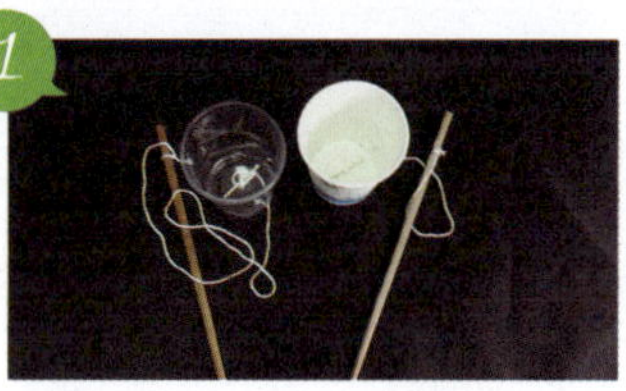

用纸杯和塑料杯按上述方法做成2个蛙声筒。

2 反复仔细对比2个蛙声筒发出的声音，记录观察到的现象，看看有什么发现。

3. 研究记录表：

不同材质的蛙声筒发出的声音对比记录表

不同材质蛙声筒	观察到的现象
纸杯蛙声筒	
塑料杯蛙声筒	

我的发现

三、问题库

推荐一：怎样才能让蛙声筒发出的声音更响呢？

推荐二：蛙声筒的发声效果与线的材质、长短有关吗？

推荐三：蛙声筒的发声效果与抹的粉状物质有关吗？

你的新问题：

可爱的小陀螺

大家都玩过买来的陀螺吧，我们可以找找身边的材料，自己动手做一个陀螺，研究研究它转动的秘密。

一、所需材料

卡纸、圆规、牙签、剪刀、双面胶、秒表。

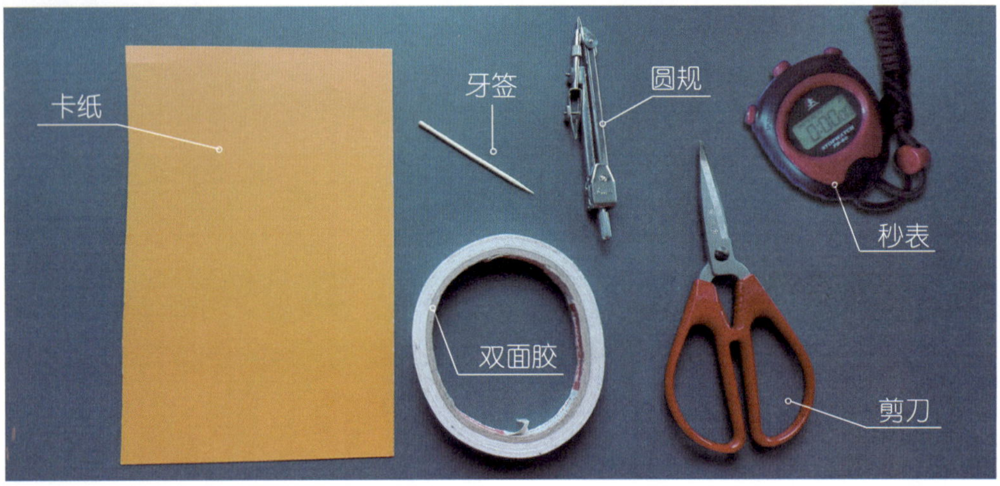

二、研究过程

（一）制作陀螺

1

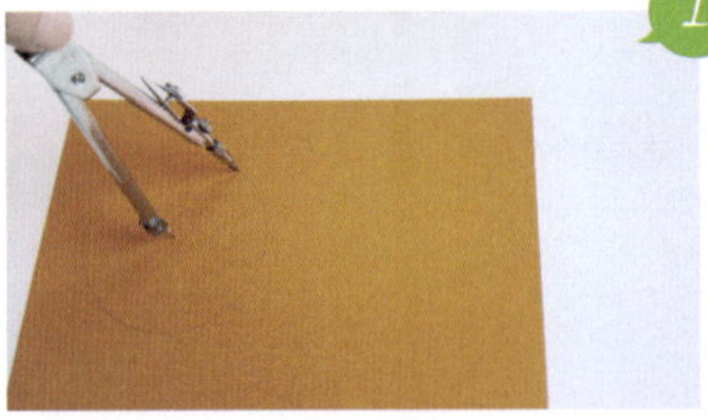

用圆规在卡纸上画一个圆。

2

用剪刀剪出小圆片。

3

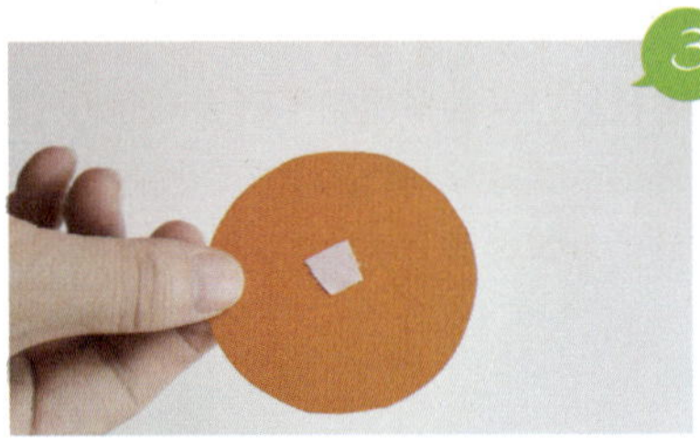

在小圆片的中心点贴上一点双面胶。

4

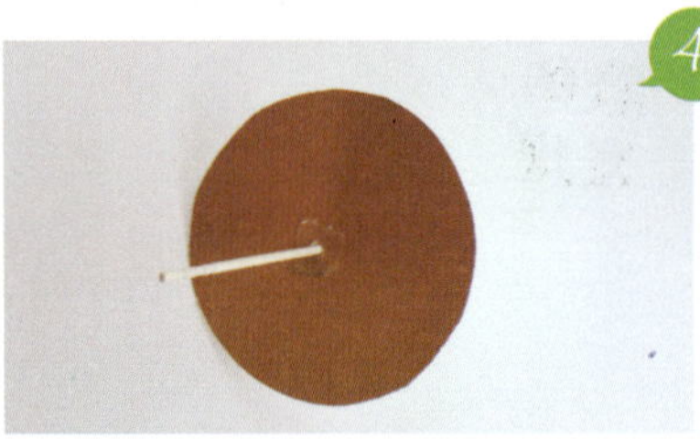

将牙签穿过圆片的中心，并调整牙签离地面的高度。

（二）研究陀螺

1. 研究的问题：圆片的大小会影响陀螺转动的持久性吗？

2. 研究步骤：

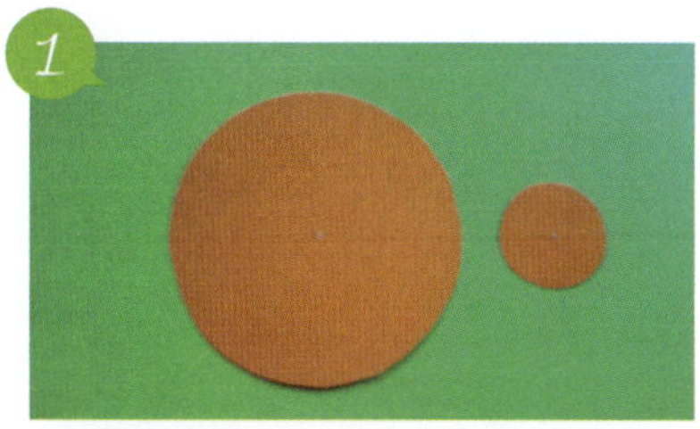

① 用相同的纸片做两个直径大小不同的圆形陀螺。

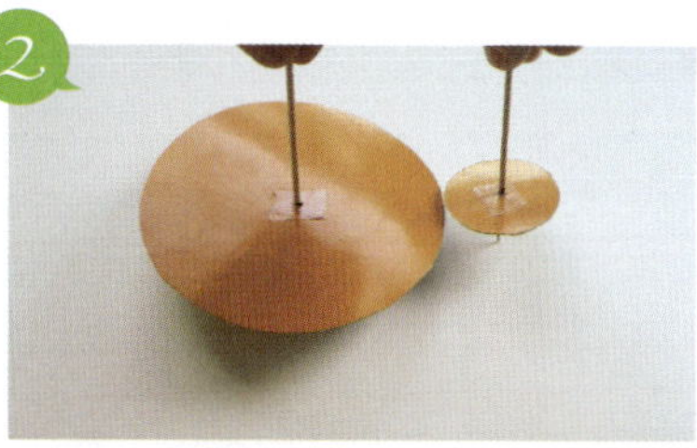

② 把两个陀螺圆片离地面的距离调整相同。

③ 用秒表分别测量两个陀螺转的时间，取其中成功的三次，记录下来。

④ 比较记录的数据，看看有什么发现。

3. 研究记录表：

次数	大圆片	小圆片
第一次	秒	秒
第二次	秒	秒
第三次	秒	秒
平均值	秒	秒

我的发现

三、问题库

推荐一：几个圆片叠加在一起的陀螺会转得更久吗？

推荐二：圆片离地面的距离会影响陀螺转动的持久性吗？

推荐三：哪种形状的陀螺转得更久呢？

你的新问题：

附：研究参考题库目录

生物类：

1. 花生发芽实验
2. 魔豆发芽实验
3. 香蕉种子发芽实验
4. 土豆发芽实验
5. 黄豆无土栽培的种植研究
6. 绿豆生长的影响因素研究
7. 绿豆变色的研究
8. 绿豆在哪种液体中发芽最快
9. 吃不同饲料的蚕宝宝的生长研究
10. 种植凤仙花
11. 家庭养殖鸭子的实验
12. 天竺葵的生长探究
13. 动物能听懂音乐吗
14. 用废旧电池水浇灌的植物的生长研究
15. 蚂蚁有听力吗
16. 生柿子成熟速度的研究
17. 校园动物生活观察与研究
18. 校园植物生长观察与研究
19. 植物嫁接的研究
20. 怎样抑制苹果发黄
21. 金鱼是否有记忆
22. 柠檬防腐能力的研究
23. 暖宝宝作为植物生长促进剂的研究
24. 土豆吸油实验

25. 给种子打针的实验
26. 植物染发剂的研究
27. 延长水仙花花期的研究
28. 狗是怎样散热的
29. 大蒜生长的研究
30. 让水果变甜的研究
31. 康乃馨（鲜切花）的保鲜方法
32. 水果催熟的实验研究
33. 植物耐旱的实验研究
34. “给树打针”——另类浇灌方法的试验
35. 乌龟耐饥饿能力的研究
36. 螺蛳的净水能力测试
37. 二手烟危害的研究——以老鼠为例
38. 水果蔬菜对霉菌生长的影响
39. 植物对音乐的趋向性生长研究
40. 果蔬保鲜方法的探究
41. 在常温下保存冰块的新方法
42. 海蜇去咸味的研究
43. 颜色会影响种子发芽吗
44. 弹涂鱼在哪里生活得更久
45. 河蟹保鲜的研究
46. 夏季宝石花耐旱繁殖能力的研究
47. 菠萝去酸味的研究
48. 水果相克的研究
49. 蚂蚁信息素的研究
50. 蚯蚓再生能力的研究
51. 蜗牛黏液的研究
52. 蚕宝宝结茧的观察研究

53. 三叶草有记忆吗

54. 不同泥土与种子生长速度关系的研究

55. 稀土对金盏花花期的影响

56. 蜘蛛的捕食习惯

57. 水果氧化速度与温度和光照的关系

58. 生柿子成熟速度的研究

59. 关于蜘蛛进食的研究

60. 植物的蒸腾作用快慢与哪些环境因素有关

61. 树叶里的水分

62. 植物走迷宫

63. 蜗牛最喜欢吃什么

64. 蜗牛有听力吗

物理类：

1.100 毫升水能溶解多少克糖

2. 不同物质在水中的溶解能力研究

3. 探究奇妙的声音

4. 浮力大比拼

5. 冰箱内部空间与耗电量的关系

6. 电磁铁的磁力

7. 水温与去污渍的实验

8. 隔热大比拼

9. 冰块融化实验

10. 关于不同物质结冰的研究

11. 热冰的趣味实验

12. 水在常温下快速结冰的研究

13. 快速解冻的研究

14. 水煮法增强塑料柔韧性的研究

15. 去除贝壳中的细沙
16. 去除衣服上毛球的研究
17. 关于鸡蛋不粘锅的研究
18. 硬币隐身术
19. 不怕水的纸
20. 人与人的静电
21. 不同材料产生静电的差异研究
22. 超级泡泡水的研究
23. 家庭利用太阳能的研究
24. 利用生活废料造纸的研究
25. 制作糖、盐的晶体
26. 快速降温的研究
27. 如何使一角硬币浮在水面上
28. 几种常见调味品的分离
29. 如何分离胡椒粉与盐的研究
30. 陀螺的研究
31. 纸飞机的研究
32. 盐水去菠萝涩味的研究
33. 形状对物体在水中前进速度的影响
34. 形状与物体下落速度的关系
35. 快速剥蛋壳
36. 掉不下来的盖子
37. 花露水的新用途研究
38. 水里的火山
39. 钓冰块的研究
40. 自制小空调的研究
41. 奇妙热水袋的研究
42. 电梯速度的研究

43. 乌鸦喝水的研究

44. 不同纸结构承重力量的比较研究

45. 关于“鸡蛋竖立”的研究

46. “前仰后翻”——平衡木的研究

47. 不同球鞋的弹跳舒适度研究

48. 关于纸的吸水能力的研究

49. 纸船载重的研究

50. “硬币陷阱”——水分子表面张力的研究

51. 不同液体制作放大镜的比较研究

52. 杯子形状和材料与杯子中水的旋转时间关系的研究

53. 如何让磁铁消磁

54. 降低手机辐射的方法

55. 不同性别的头发韧性

56. 不同布料对于酱油的吸收能力

57. 人眼适应黑暗的距离和时间的研究

58. 水会记忆音乐吗

59. 液体蒸发速度的研究

60. 磁体磁性加强与消失的研究

61. 淘米水清洗能力的研究

62. 水火相“融”

63. 神奇的喷管

64. 如何使饺子皮不容易破

65. 各种土壤吸水性的研究

66. 气球唱歌

67. 倔强的瓶装塑料袋

68. 会唱歌的杯子

69. 松节油复印

70. 米粒四射

71. 会自己剥皮的香蕉

72. 悬浮的鸡蛋

73. 区分生鸡蛋和熟鸡蛋

74. 滴水不漏

75. 掉不下来的纸

76. 难舍难分的杯子

77. 疯狂转动的瓶子

78. 冷水与热水的溶解能力

79. 皮影戏探秘

化学类：

1. 研究米饭、淀粉和碘酒的变化

2. 研究小苏打和白醋的变化

3. 怎样控制铁生锈的速度

4. 铁生锈与什么有关

5. 写密信

6. 寻找淀粉的探究

7. 会写字的纸

8. 变色花

9. 苹果氧化

10. 牙膏的妙用

11. 绿茶去异味的研究

12. 茶叶去污

13. 厨房去污

14. 怎样去除陈旧污渍

15. 哪种液体能更好地去除油污

16. 关于去污剂（蛋清、茶叶、洗衣粉等）的研究

17. 去除马克笔痕迹的研究

18. 圆珠笔油的克星

19. 怎样清洗能去除手上的鱼腥味

20. 酸碱测试和酸碱中和

21. 怎样去除粘在地上的口香糖

22. 口香糖粘在衣服上该怎么办

23. 如何去除冰箱异味

24. 关于肯德基食物有无添加防腐剂的研究

25. 怎样去除饭焦味

26. 关于清洁玻璃的实验

27. 硬币清洁剂

28. 关于哪种液体能软化鱼刺的研究

29. 酸雨的研究

30. 去除海蜇的咸味

31. 怎样去除胶水的黏性

32. 水果蔬菜去除各种布料墨汁的研究

33. 家庭污水处理研究

34. 洗涤用品酸碱度的研究

35. 蛋与醋的奥秘

36. 植物色素提取实验

37. 碘酒取指纹

38. 火山喷发模拟实验

39. 寻找天然染料

40. 可乐的妙用

41. 果皮废弃物去污能力的发现与研究

42. 果蔬电池的系列研究

43. 可乐酸碱度的研究

44. 关于去除白色球鞋上黄色污渍的研究

45. 干燥剂的研究

46. 香水的研究

47. 啤酒营养的研究

48. 石头在不同的水里产生的变化

49. 不同洗衣粉洗白能力的研究

50. 土壤酸碱度与农作物酸碱度的关系

51. 蛋清粘合瓷器的研究

52. 芦荟汁的研究

53. 牙膏的妙用

54. 淘米水的妙用

55. 酸雨对皮肤的影响

56. 瓜果蔬菜能否洗去各种布料上墨汁的研究

57. 铝锅变黑的原因以及去除方法的研究

58. 某一地区泥土成分的研究

59. 保护维生素 C

60. 五光十色的火焰

61. 蔬菜能不能发电

62. 制取蒸馏水

63. 牙齿杀手——可乐对牙齿腐蚀的研究

64. 食用液体的 pH 测试与研究

65. 厨房、浴室液体大比拼：pH、液体流速、与水比谁更重

66. 紫甘蓝作指示剂的研究

设计与制作类：

1. 十字路口的红绿灯模型

2. 房屋照明电路模型

3. 制作赛车

4. 用水测量时间的装置

5. 一分钟计时器

6. 报纸桥最大载重量的挑战

7. 制作太阳能赛车

8. 防尘黑板擦

9. 自制香皂纸

10. 升国旗模拟器

11. 西红柿发电机

12. 蒸汽小船

13. 定时喂食装置

14. 改装煤气灶电池盒

15. 会唱歌的杯子

16. 特制叶脉书签

17. 自制喷泉

18. 自制起重机的设计与制作

19. 自动钓鱼杆的设计与制作

20. 自制显微镜的设计与制作

21. 自制小发电机的研究

22. 自制望远镜的设计与制作

23. 星空快速记忆识别器的研究

24. 日月食形成演示仪的研究

25. 扩大“猫眼”视线的研究

26. 自制简易框架椅的设计与制作

27. 方便死角吸尘器管口的研究

28. 为口风琴气流提供新设计

29. 笔套管风排笛的设计与制作

30. 气球打结器材的研究设计

31. 橘类水果剥皮器的研究

32. 制作拔丝

33. 自制简易擦窗户装置

34. 假期浇水器的研究

35. 自制立体书签

36. 自制平衡秤

37. 豆腐的制作

38. 煮芙蓉蛋

39. 自制笔芯的研究

40. 自制温度计的研究

41. 自动熄灭的蜡烛的研究

42. 自制墨水的研究

43. 制作彩虹

44. 自制汽水

45. 太阳能小车的研究

46. 制作太阳能热水器

47. 液体膏状挤压器的研究

48. 自制日历笔筒

49. 自制污水处理器

50. 水力发电机的制作与研究

51. 制作验电器

52. 自动调节太阳灶

53. 多功能拐杖

54. 水果皮造纸

55. 橘子皮制作枕头

56. 厨房油炸时防止油溅皮肤的装置

57. 让被子衣服在衣柜中享受“日光浴”

58. 设计衣服不会被风刮跑的晾衣架

59. “会报警”的钱包

60. 制作减小买菜提袋勒痛感的装置

61. 制作 5 分钟的沙漏

62. 榴莲壳的妙用

63. 自制香水

64. 自制肥皂的研究

65. 自制颜料

66. 调制泡泡水

67. 自溢式家禽喂水器

68. 自制洗手片

69. 自制喷泉

70. 制作喷气快艇

71. 自制温度计

72. 自制环保酸奶

考察与调查类：

1. 调查研究水污染对我们生活和环境的影响

2. 考察家乡的自然水域

3. 采集岩石矿物标本系列活动

4. 调查某地沿海城镇河水的 pH

5. 光污染与夜空星星数的研究

6. 一天中在同一个地段某地车流量的调查

7. 饮料健康监测的调查

8. 公共场合多功能分类垃圾箱的研究

9. 调查餐厅里的塑料制品使用情况

10. 学习用品健康性的调查